La sabiduría de los idiotas

Libros de Idries Shah

Estudios Sufis y literatura de Medio Oriente
Los Sufis
Caravana de sueños
El camino del Sufi
Cuentos de los derviches: *Cuentos-enseñantes milenarios*
Pensamiento y acción Sufi

Psicología tradicional,
encuentros enseñantes y narrativas
Pensadores de Oriente: *Estudios sobre empirismo*
La sabiduría de los idiotas
La exploración dérmica
Aprender cómo aprender: *Psicología y*
espiritualidad en la vía Sufi
Saber cómo saber
El monasterio mágico: *Filosofía analógica y práctica*
El buscador de la verdad
Observaciones
Noches con Idries Shah
El yo dominante

Disertaciones universitarias
Un escorpión perfumado (Instituto para el estudio
del conocimiento humano – ISHK – y la Universidad
de California)
Problemas especiales en el estudio
de ideas Sufis (Universidad de Sussex)
El elefante en la oscuridad: *Cristianismo,*
Islam y los Sufis (Universidad de Ginebra)
Aspectos negligidos del estudio Sufi: *Empezando a*
empezar (The New School for Social Research)
Cartas y disertaciones de Idries Shah

LA SABIDURÍA DE LOS IDIOTAS

Idries Shah

ISF PUBLISHING

Título original: *Wisdom of the Idiots*
Publicado en inglés por ISF Publishing

Traducción de ISF Publishing

Las solicitudes de permisos para reimprimir,
editar, reproducir, etc., deben ser dirigidas a:
The Permissions Department
ISF Publishing
The Idries Shah Foundation
P.O. Box 71911
London NW2 9QA
United Kingdom
permissions@isf-publishing.org

ISBN 978-1-78479-963-2

Primera edición en inglés: 1969
Edición actual: 2018

En asociación con The Idries Shah Foundation

Nota:

Los Sufis, que por lo general consideran como una locura aquello que los pensadores de mente estrecha imaginan que es sabiduría, a veces se refieren a sí mismos como "Los Idiotas".

También por una feliz casualidad, la palabra árabe para "santo" (*wali*) tiene el mismo equivalente numérico que la palabra para "idiota" (*balid*).

Entonces tenemos un motivo doble para considerar a los grandes Sufis como nuestros propios Idiotas.

Este libro contiene parte de sus conocimientos.

Índice

La fruta del Cielo

HABÍA UNA VEZ una mujer que oyó hablar de la Fruta del Cielo; la codiciaba.

Le preguntó a cierto derviche, a quien llamaremos Sabar:

"¿Cómo puedo encontrar esta fruta, para así lograr el conocimiento instantáneo?"

"Lo mejor sería que estudiases conmigo", dijo el derviche. "Pero si no lo haces, tendrás que viajar con determinación y a veces incasablemente por todo el mundo."

La mujer lo dejó y buscó a otro, Arif el Sabio; y después encontró a Hakim el Docto; luego a Majzub el Loco; más tarde a Alim el Científico y muchos más…

Ella pasó treinta años buscando, al cabo de los cuales llegó a un jardín. Allí se erguía el Árbol del Cielo, de cuyas ramas pendía la resplandeciente Fruta del Cielo.

De pie junto al Árbol estaba Sabar, el primer derviche.

"¿Por qué no me dijiste que *tú* eras el Custodio de la Fruta del Cielo cuando nos encontramos por primera vez?", le preguntó.

"Porque entonces no me habrías creído. Además, el Árbol solamente produce fruta una vez cada treinta años y treinta días."

Arrogantes y generosos

Los Sufis, al contrario que otros místicos o supuestos poseedores de conocimiento especial, tienen fama de ser arrogantes. Esta arrogancia, según ellos mismos, se debe solo a una malinterpretación de su comportamiento por parte de la gente. "Una persona", dicen, "que pudiese encender un fuego sin frotar palos y que lo dijera, le resultaría arrogante a alguien que no pudiera hacerlo".

También tienen fama de ser extremadamente generosos. Su generosidad, dicen ellos, está en las cosas que realmente importan. Su prodigalidad con los bienes materiales es apenas un reflejo de su generosidad con la sabiduría.

La gente que desea estudiar el camino Sufi practica a menudo la generosidad con objetos, como un intento de alcanzar una forma superior de generosidad.

Sea como fuere, se cuenta una entretenida historia acerca de tres hombres generosos de Arabia.

Un día hubo una disputa entre los árabes sobre cuál era el hombre vivo más generoso. Los debates se prolongaron durante varios días y finalmente los candidatos fueron de común acuerdo reducidos a tres.

Como los partidarios de los tres candidatos estaban a punto de llegar a las manos, se nombró un comité para que tomara la decisión final. Decidieron que, como prueba eliminatoria, se enviaría el siguiente mensaje a cada uno de los tres hombres:

"Tu amigo Wais se encuentra en grandes apuros. Te ruega que lo ayudes con bienes materiales."

Tres representantes del comité fueron enviados para localizar a estos hombres, entregar el mensaje e informar de lo sucedido.

El primer mensajero llegó a la casa del Primer Hombre Generoso y le dijo lo que el comité le había encargado.

El Primer Hombre Generoso dijo:

"No me molestes con semejantes nimiedades. Agarra todo lo que quieras de lo mío y dáselo a mi amigo Wais."

Cuando este emisario regresó, la gente reunida pensó que seguramente no podía existir una generosidad mayor que esta... ni tampoco semejante arrogancia.

Pero el segundo mensajero, tras comunicar su mensaje, recibió esta respuesta del criado del Segundo Hombre Generoso:

"Dado que mi amo es realmente muy arrogante, no puedo molestarlo con ningún tipo de mensaje.

Pero te daré todo lo que tiene y también una hipoteca sobre sus bienes inmuebles."

El comité, al recibir este mensaje, imaginó que seguramente este debía de ser el hombre más generoso de Arabia.

Pero todavía no habían considerado el resultado de la misión del tercer mensajero.

Este llegó a la casa del Tercer Hombre Generoso, quien le dijo:

"Empaca todas mis pertenencias, lleva esta nota al prestamista para liquidar todos mis bienes y vuelve aquí para esperar a una persona que llegará de mi parte."

Dicho esto, el Tercer Hombre Generoso se marchó.

Cuando el mensajero hubo terminado esa tarea, se encontró con un agente del mercado en la puerta de la casa; este le dijo:

"Si tú eres el mensajero de Wais, tengo que entregarte el importe de un esclavo que acaba de ser vendido en el mercado de esclavos."

El esclavo era el Tercer Hombre Generoso.

Se cuenta además que el propio Wais, quien había formado parte del comité de jueces, visitó unos meses más tarde una casa en la que el esclavo que le servía resultó ser su amigo, el Tercer Hombre Generoso.

Wais dijo: "¡La broma ha ido demasiado lejos! ¿No es hora ya de que seas liberado?"

El Tercer Hombre Generoso, que era un Sufi, dijo:

"Lo que para unos es una broma puede no serlo para otros. Además, estoy arreglando lo de mi liberación mediante un acuerdo con mi amo y de conformidad con la ley. Será solo una cuestión de dos o tres años antes de que vuelva a ser libre."

El joyero

SE CUENTA LA historia de una mujer que llevaba un cofre con joyas de diversos tamaños a una joyería. Justo tropezó fuera del negocio y la caja cayó al piso: la tapa saltó y las joyas se desparramaron por todas partes.

Los asistentes del joyero salieron corriendo de la tienda para evitar que los transeúntes se llevasen algunas de las gemas y ayudaron a recogerlas.

Un avestruz que vagaba por allí pasó corriendo y, desapercibida en medio de aquel alboroto, se tragó la piedra más grande y valiosa.

Cuando la mujer notó la ausencia de esta joya empezó a lamentarse, y a pesar de buscarla por todas partes no pudo encontrarla.

Alguien dijo: "La única persona que pudo haber agarrado esa joya es aquel derviche que está tranquilamente sentado junto a la tienda."

El derviche había visto al avestruz tragarse la piedra pero no quería que se derramase sangre. Por lo tanto, cuando fue cacheado y empujado e incluso golpeado, dijo apenas: "No he tomado nada en absoluto".

Mientras estaba siendo golpeado, uno de sus compañeros apareció y le recordó a la muchedumbre que tuvieran cuidado con lo que estaban haciendo; pero también lo agarraron y lo acusaron de haber seguramente recibido la piedra del primer derviche, a pesar de que él lo negaba.

Esto es lo que estaba sucediendo cuando apareció un hombre dotado de conocimiento. Advirtiendo la presencia del avestruz, preguntó:

"¿Esa ave estaba aquí en el momento en que cayó el cofre?"

"Sí", respondió la gente.

"En ese caso", dijo, "dirijan su atención al avestruz."

Tras pagarle a su dueño el precio del ave, la mataron. La joya perdida fue encontrada en su estómago.

Ahrar y la pareja adinerada

EMIRUDIN AROSI, QUIEN procedía de una familia conocida por su apego a las creencias de una secta de entusiastas, encontró a un sabio y le dijo:

"Por muchos años, mi esposa y yo hemos intentado resueltamente seguir la vía derviche. Conscientes de que sabíamos menos que muchos otros, nos hemos contentado durante largo tiempo con gastar nuestra riqueza en la causa de la verdad. Hemos seguido a personas que han asumido la responsabilidad de enseñar y de los que ahora dudamos. Sentimos pena, no por lo que hemos perdido en donaciones materiales que fueron despilfarradas en nombre de la Tarea por nuestros últimos mentores en inefectivos emprendimientos comerciales, sino más bien por el desperdicio de tiempo y esfuerzo, y por las personas que aún están en un estado de sometimiento a los ilusos que se autodenominan maestros; gente ocupando irreflexivamente una casa manejada por dos falsos Sufis, en una atmósfera de anormalidad."

El sabio, a quien la tradición llama Khwaja Ahrar, el Señor de los Libres, respondió:

"Ustedes se han arrepentido de su apego a esos 'maestros' imitativos, pero todavía no se han arrepentido de su autoestima que les hace imaginar que tienen una responsabilidad para con los prisioneros de lo falso. Muchos de los prisioneros todavía están atrapados en la telaraña del engaño porque ellos tampoco se han arrepentido del engaño y además quieren conocimiento fácil."

"¿Qué deberíamos hacer?"

"Vengan a mí sin condiciones y con un corazón abierto, incluso si tales condiciones son el servicio a la humanidad o que yo me muestre ante ustedes como un ser razonable", dijo el Maestro, "pues puede que la liberación de sus compañeros sea un asunto para expertos, no para ustedes. Incluso su capacidad para formarse una opinión sobre mí está deteriorada, y yo por lo menos me niego a depender de ella".

Pero, naturalmente, temerosos de acaso estar cometiendo otro error, Arosi y su mujer dejaron pasar la oportunidad... para luego encontrar a otro hombre: uno que los consolaría. Y lo hicieron; resultó ser otro fraude más.

Volvieron a pasar los años y la pareja regresó a la casa de Khwaja Ahrar.

"Hemos venido en total sumisión", le informaron al guardián de la puerta, "a ponernos en manos del Señor de los Libres como si fuéramos cadáveres en las manos del que lava a los muertos".

"Buena gente", respondió el portero, "su resolución parece excelente, propia de personas que el Señor de los Libres no dudaría en aceptar como discípulos. Pero en esta vida no tendrán una segunda oportunidad... porque Khwaja Ahrar está muerto".

Bahaudin y el vagabundo

BAHAUDIN EL-SHAH, GRAN maestro de los derviches Naqshbandi, se topó un día con un cofrade en la plaza principal de Bujara.

El recién llegado era un Kalendar errante de los Malamati, los "Reprobables". Bahaudin estaba rodeado de discípulos.

"¿De dónde vienes?", le preguntó al viajero con la habitual frase Sufi.

"No tengo idea", dijo el otro, sonriendo tontamente.

Algunos de los discípulos de Bahaudin murmuraron su desaprobación por esta falta de respeto.

"¿A dónde vas?", persistió Bahaudin.

"No sé", gritó el derviche.

"¿Qué es el Bien?" Para entonces ya se había reunido una gran multitud.

"No lo sé."

"¿Qué es el Mal?"

"No tengo ni idea."

"¿Qué es lo Correcto?"

"Lo que es bueno para mí."

"¿Qué es lo Equivocado?"

"Lo que es malo para mí."

La multitud, irritada más allá de su paciencia por este derviche, lo ahuyentó. Así fue que partió dando decididas zancadas en una dirección que, hasta donde se sabía, no llevaba a ninguna parte.

"¡Tontos!", dijo Bahaudin Naqshband, "este hombre está representando el papel de la humanidad. Mientras ustedes lo despreciaban, él estaba demostrando deliberadamente el descuido que cada uno de ustedes ostenta, de forma inconsciente, todos los días de sus vidas."

Comida y plumas

Érase una vez (y esta es una historia verdadera) un estudiante que solía ir todos los días a sentarse a los pies de un maestro Sufi para anotar en un papel todo lo que este decía.

Debido a que estaba tan inmerso en sus estudios, era incapaz de realizar cualquier tipo de ocupación que le diese dinero. Una noche, al llegar a casa, su mujer le puso delante un cuenco cubierto con una servilleta.

Él tomó la tela, se la puso alrededor de su cuello y entonces vio que el plato estaba lleno de... plumas y papel.

"Dado que esto es lo que haces todo el día", dijo ella, "intenta comértelo".

A la mañana siguiente, como de costumbre, el estudiante fue a aprender de su maestro. Aunque las palabras de su mujer lo habían afligido, continuó con la rutina habitual de estudios sin ponerse a buscar un empleo.

Después de unos minutos de estar escribiendo, notó que su pluma no funcionaba bien. "No importa", dijo el maestro, "ve a ese rincón, trae la caja que encontrarás allí y ponla delante de ti."

Cuando se sentó con la caja y abrió la tapa, descubrió que estaba llena de... comida.

El vislumbre de poder

A UN DERVICHE que había estudiado a los
pies de un gran maestro Sufi se le dijo que
perfeccionase su conocimiento del ejercicio
sensorial y que luego regresase a su maestro
para recibir más instrucción. Retirándose a un
bosque, se concentró en meditaciones interiores
con gran tesón hasta que prácticamente nada
podía molestarlo.

Sin embargo, no se había concentrado lo suficiente
en la necesidad de mantener equitativamente en su
corazón todos sus objetivos, y su celo por tener
éxito en este ejercicio resultó ser algo más fuerte
que su determinación de regresar a la escuela
desde la que había sido enviado a meditar.

Y resulta que un día, mientras estaba
concentrándose en su yo interior, un ligero sonido
atrapó la atención de su oído. Irritado por esto, el
derviche miró hacia arriba entre las ramas de un
árbol que parecía haber sido el origen del sonido y
vio un pájaro. Por su mente cruzó el pensamiento
de que este ave no tenía derecho a interrumpir
los ejercicios de un hombre tan dedicado. Apenas

hubo concebido esta idea, el pájaro cayó muerto a sus pies.

Ahora bien, resulta que el derviche no había avanzado lo suficiente en la vía Sufi como para darse cuenta de que existen pruebas a lo largo de todo el camino. Lo único que podía ver en aquel momento era que había alcanzado un poder como el que jamás había tenido: podía matar a un ser vivo; o incluso podría ser que el pájaro fue muerto por alguna fuerza distinta a la de aquella que estaba en su interior... ¡y todo porque había interrumpido sus oraciones!

"Realmente debo ser un gran Sufi", pensó el derviche.

Se puso de pie y comenzó a caminar hacia el pueblo más cercano.

Cuando arribó, vio una elegante casa y decidió pedir allí algo para comer. Golpeó la puerta y una mujer le abrió; el derviche dijo:

"Mujer, tráeme comida pues soy un derviche avanzado y hay mérito en alimentar a los que están en el Camino."

"De inmediato, venerable sabio", respondió la dama antes de desaparecer dentro de la casa.

Pero pasó un largo rato y aún la mujer no volvía. A cada momento que transcurría, el derviche se ponía más y más impaciente. Cuando la mujer regresó, le dijo:

"Considérate afortunada de que no descargue sobre ti la furia del derviche, ¿pues acaso no sabe todo el mundo que la desdicha puede llegar mediante la desobediencia a los Elegidos?"

"Es cierto que la desdicha puede llegar, a menos que uno sea capaz de resistirla mediante algunas experiencias propias", dijo la mujer.

"¡Cómo te atreves a contestarme así!" gritó el derviche. "Y en todo caso, ¿a qué te refieres?"

"Solo me refiero", dijo la mujer, "al hecho de que no soy un pájaro en un claro del bosque."

El derviche estaba atónito ante estas palabras. "Mi ira no te está lastimando e incluso puedes leer mis pensamientos", balbuceó.

Y le rogó a la mujer que se convirtiese en su maestra.

"Si has desobedecido a tu propio maestro original, también me fallarás a mí", dijo la mujer.

"Bueno, al menos dime cómo llegaste a un estadio de comprensión muchísimo más elevado que el mío", pidió el derviche.

"Obedeciendo a mi maestro. Me dijo que asistiese a sus conferencias y ejercicios cuando me lo indicase; de lo contrario, debía considerar mis tareas mundanas como si fueran mis ejercicios. De esta manera, aunque hace años no sé nada de él, mi vida interior se ha expandido constantemente, dándome poderes tales como el que has visto y muchos otros."

El derviche regresó a la Tekkia de su maestro buscando más consejos. El maestro se negó a permitirle discutir cualquier asunto, pero meramente dijo cuando apareció:

"Ve y trabaja para cierto barrendero que limpia las calles de tal y tal pueblo."

El derviche, dado que le tenía una gran estima a su maestro, fue a ese pueblo; pero cuando llegó al lugar donde trabajaba el barrendero y lo vio allí de pie cubierto de mugre, reculó del asco sin poder imaginarse a sí mismo como su sirviente.

Mientras permanecía apresado por la indecisión, el basurero le dijo llamándolo por su nombre:

"Lajaward, ¿qué pájaro matarás hoy? Lajaward, ¿qué mujer podrá hoy leer tus pensamientos? Lajaward, ¿qué deber repugnante te impondrá mañana tu maestro?"

Lajaward le preguntó:

"¿Cómo haces para ver dentro de mi mente? ¿Cómo puede un basurero hacer cosas que los ermitaños piadosos no son capaces de hacer? ¿Quién eres?"

El barrendero dijo:

"Algunos ermitaños pueden hacer estas cosas, pero no las hacen para ti porque tienen otras cosas que hacer. Para ti yo me veo como un barrendero porque esa es mi ocupación. Dado que no te gusta el trabajo, no te gusta la persona. Como imaginas que la santidad es lavar y acuclillarse y meditar, nunca la encontrarás. He alcanzado mis capacidades actuales porque nunca pensé en la santidad: pensé en el deber. Cuando la gente te enseña el deber para con un maestro o algo sagrado, te están enseñando el *deber*, ¡tonto! Todo lo que puedes ver es el "deber para con el hombre" o el "deber con el templo". Dado que no puedes concentrarte sobre el deber, date por perdido."

Y Lajaward, cuando fue capaz de olvidar que era el sirviente de un barrendero y se dio cuenta de que ser un sirviente era un deber, se convirtió en el hombre que conocemos como El Iluminado, el Hacedor de Milagros, el Excepcionalmente Perfumado Sheikh Abdurrazaq Lajawardi de Badakhxan.

Para el humano, nada excepto lo que se ha ganado

LA EXPERIENCIA Y el conocimiento superior serán puestos a disposición del hombre o de la mujer, exactamente según su valía, capacidad y esfuerzo puesto en ello. Por ende, si un asno ve un melón se comerá la cáscara; las hormigas comerán todo lo que puedan conseguir; el ser humano consumirá sin saber que ha consumido.

Nuestro objetivo es lograr, mediante la comprensión del Origen, el Conocimiento que procede de la experiencia.

Esto es realizado, como en un viaje, solo con aquellos que ya conocen el Camino.

La justicia de este estado es la mayor que existe: porque este conocimiento no le puede ser negado a quien lo merece ni tampoco se le puede dar a quien no lo merece.

Es la única sustancia con una discernidora facultad de su propia justicia inherente.

(Yusuf Hamadani)

La leche y su suero

MURID LAKI HUMANYUN le hizo esta pregunta a
Maulana Bahaudin:

"En el pueblo de Gulafshan hay un círculo de
seguidores. Algunos de ellos están en la etapa de
los ejercicios, pero la mayoría son aquellos que
se reúnen semanalmente para aprender de las
transacciones y enseñanzas del *murshid* (guía).

"Muchos de los *murids* (discípulos) comprenden
el significado de los cuentos y los eventos, y usan
estos para corregir su comportamiento interno y
externo.

"Sin embargo, muchos de los seguidores
superficiales parecen no beneficiarse de los eventos
y de las transacciones, buscando en cambio libros
y enseñanzas que les ofrecerán promesas precisas
de progreso.

"¿Cómo es que los discípulos sienten dolor
cuando los seguidores ordinarios no logran
comprender el significado de las historias y de los
eventos, especialmente cuando estos últimos son
sus amigos cercanos y cada uno de ellos desea
que hubiese una unificación entre discípulos y
seguidores de tipo superficial?"

Bahaudin contestó:

"El discipulado fue instituido para reunir a aquellos que pueden aprender sin tener objetivos burdos. Los discípulos que se lamentan porque sus compañeros no aprenden de la misma manera y al mismo ritmo, se están lamentando porque han imaginado que el afecto debe producir capacidad. Sin embargo, a la capacidad hay que ganársela: el afecto se da y se recibe.

"Los rejuntes accidentales de personas centradas en una enseñanza siempre sufrirán una división en presencia del agente agitador, como cuando ocurre la separación entre la manteca y la leche, el cual puede estar manifiesto u oculto pero no obstante presente cada vez que comienza a operar una renovación de la enseñanza: esta es la sacudida del recipiente que contiene la leche. Las personas imaginan que cuando hay un movimiento (*jumbish*) se verán afectados todos por igual, tal como sucede con el suero lácteo; pero tanto la manteca como la leche descremada tienen sus funciones, aunque puede que en terrenos diferentes."

Talismán

SE CUENTA QUE un faquir que quería aprender sin esfuerzo fue apartado después de un tiempo del círculo del Sheikh Shah Gwath Shattar. Cuando Shattar lo estaba despidiendo, el faquir dijo:

"Tienes la reputación de poder enseñar toda la sabiduría en un abrir y cerrar de ojos, ¡y no obstante pretendes que yo pase mucho tiempo contigo!"

"Aún no has aprendido a aprender cómo aprender; pero descubrirás lo que quiero decir", dijo el Sufí.

El faquir fingió irse, pero solía ingresar en la Tekkia a hurtadillas para ver qué hacía el Sheikh. Poco después vio a Shah Gwath sacar una joya de cierto cofre de metal grabado. Sostuvo esta gema sobre las cabezas de sus discípulos, diciendo: "Este es el repositorio de mi conocimiento y no es otro que el Talismán de la Iluminación."

"Así que este es el secreto del poder del Sheikh", pensó el faquir.

En las horas postreras de esa misma noche, entró nuevamente en el salón de meditación y robó el talismán; pero en sus manos, por mucho que lo intentara, la joya no ofrecía ni poder ni secretos. Estaba amargamente decepcionado.

Se estableció como maestro, admitió discípulos e intentó, una y otra vez, iluminarlos o iluminarse mediante el talismán… pero todo fue en vano.

Un día estaba sentado en su santuario, luego de que sus discípulos se hubieran acostado, meditando sobre sus problemas cuando Shattar apareció ante él.

"¡Oh Faquir!" dijo Shah Gwath, "siempre puedes robar algo, pero no siempre puedes hacerlo funcionar. Incluso puedes robar conocimiento pero acaso te resulte inútil, como el ladrón que robó la navaja del barbero, hecha mediante el conocimiento del cuchillero, pero sin tener el conocimiento del afeitar. Se estableció como barbero y murió en la miseria cuando no pudo siquiera afeitar una mísera barba pero sí cortar varias gargantas."

"Pero yo tengo el talismán y tú no", dijo el faquir.

"Sí, *tú* tienes el talismán pero *yo* soy Shattar", replicó el Sufi. "Puedo, con mi habilidad, hacer otro talismán; tú, con el talismán, no puedes convertirte en Shattar."

"Entonces, ¿por qué has venido? ¿Solamente para torturarme?" exclamó el faquir.

"Vine para decirte que, si no hubieses tomado todo al pie de la letra imaginando que tener una cosa es lo mismo que poder ser transformado por ella, habrías estado listo para aprender cómo aprender."

Pero el faquir creyó que el Sufi solamente estaba tratando de recuperar su talismán y, debido a que no estaba listo para aprender cómo aprender, decidió persistir en los experimentos con la joya.

Sus discípulos continuaron haciéndolo; y sus seguidores y los seguidores de sus seguidores. De hecho, los rituales que son el resultado de sus incansables experimentos actualmente conforman la esencia de su religión. Nadie podría imaginar, dado lo santificadas que estas prácticas se han vuelto con el tiempo, que su origen yace en las circunstancias que acabamos de relatar.

A los ancianos practicantes de esta fe también se los considera tan venerables e infalibles, que estas creencias jamás morirán.

Discusión con académicos

Está registrado que alguien le preguntó a Bahaudin Naqshband:

"¿Por qué no discutes con los eruditos? Tal y tal sabio lo hace con frecuencia. Esto los confunde totalmente y provoca la constante admiración de sus propios discípulos."

Él contestó: "Ve y pregúntales a aquellos que recuerdan la época en que yo solía lidiar con los académicos; a menudo refutaba sus conjeturas y pruebas imaginadas con relativa facilidad. Aquellos que entonces estuvieron presentes podrán contártelo. Pero un día, un hombre más sabio que yo me dijo:

"'Avergüenzas a los hombres de la lengua tan a menudo y de forma tan previsible, que hay una cierta monotonía en ello. Esto es especialmente así porque no tiene un propósito final, dado que los académicos carecen de comprensión y siguen discutiendo mucho después de que sus posturas han sido demolidas.'

"Agregó: 'Tus discípulos están en un constante estado de asombro ante tus victorias. Han aprendido a admirarte. En cambio deberían haber percibido la inutilidad y falta de importancia de tus adversarios. Por ende, incluso en la victoria, digamos que has fallado en una cuarta parte.'

"'Además, su asombro ocupa una gran porción de su tiempo cuando podrían estar apreciando algo más provechoso. Entonces has fallado quizá en otra cuarta parte. Dos cuartos son igual a una mitad. Te queda media oportunidad.'

"Eso fue hace veinte años. Es por ello que los eruditos ya no me conciernen ni a mí ni a los demás, ya sea para la victoria o la derrota.

"Puede que de vez en cuando uno le aseste un golpe a los eruditos autoproclamados para demostrarles su vacuidad a los discípulos: es como si uno golpeara una olla vacía. Hacer más es un derroche que equivale a darles una importancia a los intelectuales, mediante el otorgamiento de una atención inútil, que ciertamente no podrían alcanzar por sí mismos."

La historia de Hiravi

EN TIEMPOS DEL rey Mahmud el Conquistador de Gazna vivía un joven llamado Haidar Ali Jan. Su padre, Iskandar Khan, decidió obtener para él el patronazgo del emperador y lo envió a estudiar asuntos espirituales bajo la guía de los sabios más importantes de la época.

Haidar Ali, cuando hubo dominado las repeticiones y los ejercicios y conocía las recitaciones y las posturas corporales de las escuelas Sufis, fue llevado por su padre ante la presencia del emperador.

"Poderoso Mahmud", dijo Iskandar, "me he ocupado de que este joven, mi hijo mayor y el más inteligente, fuese entrenado especialmente a la manera de los Sufis para que acaso pueda obtener un puesto digno en la corte de su majestad, sabiendo que eres el patrón de la enseñanza de nuestra época."

Mahmud no levantó la mirada y meramente dijo: "Tráelo en un año."

Ligeramente decepcionado, mas alimentando grandes esperanzas, Iskandar envió a Ali a estudiar las obras de los grandes Sufis del pasado y a visitar los santuarios de los antiguos maestros de Bagdad, para no desperdiciar el tiempo de la espera.

Cuando trajo al joven de regreso a la corte, dijo:

"¡Pavorreal de la Era! Mi hijo ha llevado a cabo largos y dificultosos viajes, y al mismo tiempo le agregó a su conocimiento de los ejercicios una completa familiaridad con los clásicos de la Gente del Sendero. Te ruego que lo examines para que se demuestre que podría ser un adorno de la corte de su majestad."

"Permítele", dijo inmediatamente Mahmud, "que vuelva después de otro año."

Durante los siguientes doce meses Haidar Ali cruzó el Oxus y visitó Bujara y Samarcanda, Qasr-i-Arifin y Tashqand, Dusambé y los *turbat* de los santos Sufís del Turquestán.

Cuando volvió a la corte, Mahmud de Gazna le echó un vistazo y dijo:

"Puede que tenga ganas de regresar después de un año más."

Haidar Ali hizo el peregrinaje a La Meca ese año. Viajó a la India y en Persia consultó libros extraños, y nunca dejó pasar la oportunidad de buscar y presentar sus respetos a los grandes derviches de la época.

Cuando volvió a Gazna, Mahmud le dijo:

"Ahora elige un maestro, si es que te acepta, y regresa en un año."

Cuando ese año hubo transcurrido e Iskandar se

preparaba para llevar a su hijo a la corte, Haidar Ali no mostró ningún interés en ir. Simplemente se sentó a los pies de su maestro en Herat y nada de lo que su padre dijo pudo moverlo de allí.

"He perdido mi tiempo y mi dinero, y este joven ha fallado las pruebas impuestas por Mahmud el Rey", se lamentó, abandonando todo el asunto.

Finalmente llegó, y pasó, el día en que el joven debía presentarse, y entonces Mahmud dijo a sus cortesanos:

"Prepárense para una visita a Herat; allí hay alguien a quien tengo que ver."

Mientras la comitiva del emperador ingresaba a Herat al son de la fanfarria de las trompetas, el maestro de Haidar Ali lo tomó de la mano conduciéndolo hacia la puerta de la Tekkia, y allí esperaron.

Poco después, Mahmud y su cortesano Ayaz se adentraron descalzos en el santuario.

"Aquí, Mahmud", dijo el sheikh Sufí, "está el hombre que no era nada mientras fue un visitante de reyes, pero que ahora es alguien visitado por reyes. Llévatelo como tu consejero Sufí, pues ya está listo."

Esta es la historia de los estudios de Hiravi, Haidar Ali Jan, el Sabio de Herat.

Algo que aprender de Miri

EL RENOMBRADO SABIO Sufi Baba Saifdar tenía un discípulo llamado Miri, que solía quejarse de que Saifdar no lo veía casi nunca luego de haberlo admitido a su discipulado.

"Estaba mejor antes de convertirme en discípulo suyo", decía él, "pues entonces al menos se me trataba como un amigo y podía beneficiarme de su compañía."

Baba Saifdar, sin embargo, conocía la condición interna de su discípulo pero no hacía referencia a ella en sus infrecuentes encuentros; prefería esperar la chance de proporcionarle una demostración efectiva de la relación y su significado.

Un día, Miri estaba testificando en un tribunal al aire libre cuando por allí pasó Baba Saifdar.

El juez justo le había dicho al testigo:

"¿Recuerdas con certeza haber visto al acusado participar del robo?"

Miri, viendo a su maestro y acordándose así del ejercicio de "recordar" que había aprendido de él, exclamó involuntariamente: "¡Recuerdo!"

El supuesto ladrón fue condenado de inmediato por la declaración del "testigo ocular"; era inocente. Y cuando Miri se retractó de aquella identificación, estuvo a punto de ser juzgado por perjurio.

Cuando finalmente fue liberado, el Baba le dijo:

"Eso fue un paralelo, en cuestiones ordinarias, con lo que puede suceder en asuntos más profundos. La alabanza y la queja del maestro propio conducen a la locura; también lo hace el desprecio por sus reglas. Lo que es visible para ellos es invisible para el discípulo."

"Solamente me queda esperar que mi ejemplo sea valioso para otros de modo que, lejos de tener que inevitablemente atravesar esta clase de experiencia, les posibilite dirigirse hacia cosas más elevadas", dijo Miri.

Es por esa razón que esta historia se llama "La lección de Miri".

El ídolo del rey loco

HABÍA UNA VEZ un rey violento, ignorante e idólatra. Un día juró que, si su ídolo personal le concedía cierta ventaja, capturaría a las tres primeras personas que pasasen por su castillo y las forzaría a adorar a dicho ídolo.

Efectivamente, el deseo del rey se cumplió y enseguida envió soldados a la carretera para que le trajeran las primeras tres personas que pudiesen encontrar.

Resulta que estos tres eran un erudito, un Sayed (descendiente del Profeta Muhammad) y una prostituta.

Luego de hacer que los arrojaran a los pies de su ídolo, el desequilibrado rey les contó de su juramento y les ordenó que se postrasen ante la imagen.

El erudito dijo:

"Indudablemente esta situación cae dentro de la doctrina de 'fuerza mayor'. Hay numerosos precedentes que a uno le permiten, de ser obligado, ajustarse a la costumbre sin que hubiere una verdadera culpabilidad moral o legal."

Entonces hizo una profunda reverencia al ídolo.

El Sayed, cuando fue su turno, dijo:

"Como una persona especialmente protegida, teniendo en mis venas la sangre del Sagrado Profeta, mis propias acciones purifican cualquier cosa que haga y por lo tanto no hay nada que me impida actuar tal como lo exige este hombre."

Y se inclinó ante el ídolo.

La prostituta dijo:

"Lamentablemente no tengo ni entrenamiento intelectual ni prerrogativas especiales y me temo que, sin importar lo que me hagas, no puedo adorar a este ídolo... ni siquiera fingiéndolo."

Esta observación hizo que la enfermedad del rey desapareciese inmediatamente. Como por arte de magia vio el engaño de los dos adoradores de la imagen. Al instante mandó a decapitar al erudito y al Sayed, y liberó a la prostituta.

Dos lados

Los mantos bicolores de los derviches, empleados con fines didácticos y finalmente imitados para un uso meramente decorativo, fueron introducidos en la España de la Edad Media de esta forma:

Un rey franco tenía cierto gusto por la pompa y también se enorgullecía de su comprensión de la filosofía. Le pidió a un Sufi conocido como "El Agarin" que lo instruyera en la Sabiduría Superior. El Agarin dijo:

"Te ofrecemos observación y reflexión, pero primero debes aprender hasta dónde llegan."

"Ya sabemos cómo aumentar nuestra atención, habiendo estudiado correctamente todos los pasos preliminares hacia la sabiduría desde nuestra propia tradición", dijo el rey.

"Muy bien", dijo el Agarin, "mañana en el desfile le daremos a su majestad una demostración de nuestra enseñanza."

Se hicieron los preparativos necesarios y al otro día los derviches del *ribat* (centro de enseñanza) del Agarin desfilaron por las angostas calles del pueblo andalusí. El rey y sus cortesanos estaban agrupados a ambos lados de la ruta: los nobles a la derecha y los hombres de armas a la izquierda.

Cuando terminó la procesión, el Agarin se volvió hacia el rey y dijo:

"Majestad, por favor, pregúntales a tus caballeros que están al otro lado de qué color eran los mantos de los derviches."

Todos los caballeros juraron sobre las escrituras y por su honor que los atuendos eran azules.

El rey y el resto de la corte quedaron asombrados y confundidos, pues esto no era en absoluto lo que ellos habían visto. "Todos vimos claramente que estaban vestidos con túnicas *marrones*", dijo el rey, "y entre nosotros hay respetadísimos hombres de gran santidad."

Ordenó a todos sus caballeros que se preparasen para ser castigados y degradados.

Aquellos que habían visto que las ropas eran marrones fueron apartados para ser recompensados.

Este proceso llevó un tiempo. Luego el rey le dijo al Agarin:

"¿Qué embrujo has realizado, malvado? ¿Qué diablura es esta que puede hacer que los caballeros más honorables de la cristiandad desafíen a la verdad, abandonen sus esperanzas de redención y den muestras de poca fiabilidad, cosa que los hace inútiles para la batalla?"

El Sufí dijo:

"La parte de las túnicas que se veía desde tu lado era marrón. La otra mitad de cada túnica era azul. Sin preparación, tus expectativas hacen que te engañes a ti mismo acerca de nosotros. ¿Cómo podemos enseñarle algo a alguien bajo tales circunstancias?"

Bienvenidas

DAMOS LA BIENVENIDA a los eruditos que quieran comprender el Camino.

¿Qué hay de los otros? Creen que no les damos la bienvenida, pero en realidad son ellos quienes no nos la dan.

No podrán hacerlo mientras conserven tan extrañas concepciones de la Vía.

Me refiero a dos tipos: aquellos que dicen "Negamos el valor del Sufismo" y los que dicen "Aceptamos el Sufismo, pero esto no lo es."

De los dos, quienes rechazan a los Sufis son mejores que aquellos que imaginan que las personas que no les caen bien no pueden ser, por esta razón, Sufis.

El primer tipo son engañados por otros que les hacen creer que los Sufis son inútiles... y cualquiera puede ser engañado por otros.

Y el segundo tipo son aquellos que se autoengañan al imaginar algo que no es correcto.

Ningún erudito puede decidir quién es o no es un Sufi. Las personas que intentan hacer algo para lo cual están incapacitadas deberían ser siempre una lección para nosotros.

Ajmal Hussein y los eruditos

El Sufi Ajmal Hussein era constantemente criticado por los eruditos, quienes temían que su reputación eclipsaría la de ellos. No escatimaron esfuerzos en sembrar dudas acerca de su conocimiento, en acusarlo de refugiarse en el misticismo de sus críticas e incluso en insinuar que había sido culpable de prácticas indecorosas.

Finalmente dijo:

"Si les respondo a mis críticos, ellos aprovechan la ocasión para lanzarme nuevas acusaciones que la gente cree porque les divierte creer tales cosas. Si no les respondo, se jactan y pavonean de ello y las personas creen que son eruditos de verdad. Imaginan que nosotros los Sufis nos oponemos a la erudición; no es así. Pero nuestra existencia misma es una amenaza para la fingida erudición de los pequeños eruditos ruidosos. Hace mucho tiempo que desapareció la erudición; lo que ahora tenemos que enfrentar es una erudición falsa."

Los eruditos chillaron más fuerte que nunca. Al fin, Ajmal dijo:

"La argumentación no es tan efectiva como la demostración. Les daré una idea de cómo son estas personas."

Invitó a los eruditos a que enviaran "cuestionarios" para permitirles evaluar su propio conocimiento e ideas; cincuenta profesores y académicos le enviaron sus cuestionarios. Ajmal contestó a todos de diferentes maneras. Cuando los eruditos se reunieron en una conferencia para discutir estos cuestionarios, había tantas versiones diferentes de sus respuestas que todos creían haber desenmascarado a Ajmal y por esto se negaban a abandonar su tesis en favor de cualquier otra. El resultado fue la célebre "trifulca de los eruditos". Se pelearon amargamente durante cinco días.

"Esto", dijo Ajmal, "es una demostración. Lo que más le importa a cada uno es su propia opinión y su propia interpretación; no les importa nada la verdad. Esto es lo que hacen con las enseñanzas de cualquiera. Cuando está vivo, lo atormentan. Cuando muere, se vuelven expertos en sus obras. Sin embargo, el motivo real de la actividad es competir entre sí y contradecir a cualquiera que venga de afuera. ¿Quieres convertirte en uno de ellos? Decide pronto."

Timur y Hafiz

EL POETA SUFI Hafiz de Shiraz escribió el famoso poema:

> Si esa doncella turca Sharazi tomara mi corazón en sus manos,
> le daría Bujara por el lunar en su mejilla...
> o Samarcanda.

Tamerlán el conquistador hizo que Hafiz fuese llevado ante él y le dijo:

"¿Cómo puedes regalar Bujara y Samarcanda por una mujer? Además se encuentran en mis dominios, ¡y no permitiré a nadie que insinúe que no me pertenecen!"

Hafiz le respondió:

"Acaso tu mezquindad te haya dado poder. Mi generosidad me ha hecho caer en tu poder. Tu mezquindad es, obviamente, más efectiva que mi prodigalidad."

Tamerlán se rió y dejó marchar al Sufi.

Repleto

Un hombre se presentó ante Bahaudin Naqshband y dijo:

"He viajado de un maestro a otro y he estudiado muchos Caminos, los cuales me han brindado grandes beneficios y muchas ventajas de todo tipo.

"Ahora deseo ser aceptado como uno de tus discípulos, para poder beber del pozo del conocimiento y así avanzar cada vez más en la *Tariqa*, la Vía Mística."

Bahaudin, en lugar de responder a la pregunta directamente, mandó a que sirvieran la cena. Cuando trajeron la fuente de arroz y estofado de carne, apuró a su invitado con un plato tras otro. Después le ofreció fruta y pasteles, y luego ordenó que se le trajera más pilau, y más y más platos de comida, verduras, ensaladas y dulces.

Al principio, el hombre se sintió halagado; y dado que Bahaudin daba muestras de placer por cada bocado que tragaba, engulló todo lo que pudo. Cuando comenzó a comer más despacio, el Sheikh Sufi pareció molestarse mucho y para impedir su disgusto el desgraciado se comió prácticamente otra cena.

Cuando fue incapaz de tragar ni siquiera un grano de arroz más, recostándose sobre un almohadón con un gran malestar, Bahaudin se dirigió a él de esta manera:

"Cuando viniste a verme, estabas tan lleno de enseñanzas indigestas como lo estás ahora de carne, arroz y fruta. Te sentías mal y, debido a que estabas desacostumbrado al auténtico malestar espiritual, lo interpretaste como un hambre de más conocimiento. Tu verdadera condición era la indigestión.

"Puedo enseñarte si a partir de ahora sigues mis indicaciones y te quedas aquí conmigo haciendo la digestión mediante actividades que no te parecerán iniciáticas, pero que actuarán como si tomaras algo para digerir la comida y transformarla en nutrientes, no en peso."

El hombre aceptó. Muchas décadas después, siendo el famoso gran maestro Sufi Khalil Ashrafzada, él contó su historia.

Charkhi y su tío

Se cuenta que un joven discípulo de Baba Charkhi estaba sentado en el zaguán de su casa cuando un hombre llegó y dijo: "¿Quién eres?"

El discípulo contestó: "Soy un seguidor de Baba Charkhi."

El hombre dijo: "¿Cómo es posible que Charkhi tenga seguidores? Soy su tío y si fuese así, yo lo sabría. Y en cuanto a que es un 'Baba', querido, te han informado mal."

El tío de Charkhi se quedó en la casa por muchos años después de este intercambio, hasta que murió. Se negaba a participar de las "asambleas de la cultura" organizadas por el Baba y nunca creyó que Charkhi fuese un maestro Sufi. "Lo conozco desde que era un niño", decía, "y no puedo verlo enseñando nada, pues nunca fue capaz de aprender nada."

Incluso cuando Charkhi murió hubo muchas personas, entre ellas algunos asiduos visitantes de su casa – incluyendo mercaderes con quienes había tenido tratos comerciales –, que no creían que era un santo.

Yunus Abu-Aswad Kamali, el teólogo, habló en nombre de algunos cuando dijo: "Conocí a Charkhi durante treinta años y jamás discutió conmigo cuestiones superiores. En mi opinión, semejante comportamiento no es el de un hombre instruido. Nunca intentó describir sus teorías ni hacerme su discípulo; sólo escuché de su supuesta condición de Sufi a través de mi carnicero."

El prisionero de Samarcanda

Hakim Iskandar Zaramez y Abdulwahab el Hindi pasaban un día por la esquina de una gran casa de Samarcanda cuando oyeron un grito salvaje.

"Están torturando a algún pobre desdichado", dijo El Hindi, deteniéndose hasta quedar quietísimo mientras los gritos aumentaban.

"¿Te gustaría aliviar el sufrimiento?" preguntó Zaramez.

"Por supuesto. Dado que eres un Wali – un santo – seguramente puedes hacerlo... si es que Dios lo permite."

"Muy bien", dijo el Hakim, "y además voy a demostrarte algo."

Zaramez se alejó cinco pasos de la esquina de la casa; los gritos se detuvieron.

"¡Tú te retiras y el tumulto cesa! Siempre he escuchado que es el acercarse a una persona afligida lo que alivia el dolor", dijo El Hindi.

El Hakim sonrió sin decir nada más, haciendo el signo que entre los Sufis significa: "Una pregunta puede no tener respuesta en un momento determinado debido al estado del inquiridor."

Muchos años después, cuando El Hindi estaba en Marruecos, una noche escuchó a un derviche contar sus experiencias a un grupo de estudiantes en la amurallada ciudad de Moulay Idriss.

Entre otras cosas, el derviche dijo:

"Durante tal y tal día del mes de Ramadán el-Mubarak, hace muchísimos años, fui detenido por parecer un vagabundo debido a mi aparente pobreza y aspecto raquítico. Me dejaron a la espera del juicio en una celda de piedra ubicada en una de las esquinas del muro exterior de la casa de Kazi. Esto fue en las afueras de Samarcanda, al norte.

"Había estado sentado allí en silenciosa contemplación por un rato, contento con mi suerte, cuando sentí inconfundiblemente una presencia cercana que venía desde afuera... la presencia de un santo. Comencé a aullar y gritar y a revolcarme por el piso, pues había un poder sobre mí y porque no podía escaparme por mucho que quisiese acercarme.

"Entonces sentí que se había alejado como si mi clamor le hubiese molestado. Intenté dejarlo acercarse nuevamente al volverme inactivo y silencioso como la noche."

El sheikh del círculo derviche dijo:

"Tu experiencia podría haberte enseñado que las personas son afectadas más profundamente por la *baraka* (poder espiritual) cuando parece que se encuentra más allá de su alcance. El Wali te estaba enseñando esto a pesar de que estabas en prisión, aunque a los observadores externos les pudo haber parecido que él estaba haciendo algo completamente diferente... o incluso nada en absoluto."

El Hindi relata:

"A partir de este acontecimiento pude realmente comprender que no es maravilloso que la gente tenga 'experiencias espirituales'; acaso lo maravilloso es que tan pocos las tengan. Pero aun más maravilloso es que, en vez de aprender de ellas, adoran la experiencia y la consideran algo que no es."

El libro en turco

UN ASPIRANTE A discípulo se presentó ante Bahaudin.

El maestro estaba en un jardín después de la cena, rodeado por treinta de sus discípulos.

El recién llegado dijo:

"Deseo servirte."

Bahaudin contestó:

"Me puedes servir mejor leyendo mi *Risalat* (Cartas)."

"Ya lo he hecho", respondió el recién llegado.

"Si realmente lo hubieras hecho, y no sólo en apariencia, no me habrías abordado de esta forma", dijo Bahaudin; y añadió:

"¿Por qué crees que eres capaz de aprender?"

"Estoy preparado para estudiar contigo."

Bahaudin dijo:

"Que se levante el murid (discípulo) más joven."

Anwari, que tenía dieciséis años, se puso de pie.

"¿Cuánto tiempo llevas con nosotros?", le preguntó El-Shah.

"Tres semanas, oh Murshid."

"¿Te he enseñado algo?"

"No lo sé."

"¿Tú qué crees?"

"Yo creo que no."

Bahaudin le dijo:

"En la bolsa del recién llegado encontrarás un libro de poemas. Tómalo y recita su contenido sin cometer errores y sin siquiera abrirlo."

Anwari encontró el libro. No lo abrió, pero dijo: "Me temo que está en turco."

Bahaudin le ordenó:

"¡Recítalo!"

Anwari así lo hizo; y mientras finalizaba, el forastero se iba sintiendo más y más conmovido por esta maravilla: un libro que estaba siendo leído, sin ser abierto, por alguien que no conocía el idioma turco.

Cayendo a los pies de Bahaudin, rogó ser admitido en su Círculo.

Bahaudin le dijo:

"Este es el tipo de fenómeno que te atrae... y mientras sea así, no podrás realmente beneficiarte de él. Es por esto que, aunque hayas leído mi *Risalat*, realmente no lo has leído."

"Vuelve", continuó, "cuando lo hayas leído como acaba de leerlo este joven imberbe. Fue solamente tal estudio el que le dio el poder de recitar un libro que no había abierto y que al mismo tiempo le impidió postrarse asombrado ante semejante evento."

Mendigos y trabajadores

SE CUENTA DE Ibn el-Arabi que la gente le decía:

"Tu círculo está compuesto principalmente por mendigos, labradores y artesanos. ¿No puedes encontrar intelectuales que te sigan, para que acaso se preste una atención más acreditada a tus enseñanzas?"

Contestó:

"El Día de la Calamidad estará infinitamente más cerca cuando tenga a hombres influyentes y eruditos cantándome alabanzas: ¡porque sin duda lo estarán haciendo por su propio bien y no por el bien de nuestro trabajo!"

Inalterado

El Nawab Muhammad Khan, Jan-Fishan, estaba un día caminando por Delhi cuando se topó con varias personas que parecían estar involucradas en un altercado.

Le preguntó a un transeúnte:

"¿Qué está pasando aquí?"

El hombre dijo: "Sublime Alteza, uno de tus discípulos está objetando el comportamiento de la gente de este barrio."

Jan-Fishan se abrió paso entre la muchedumbre y le dijo a su seguidor:

"Explícate."

El discípulo dijo: "Estas personas han sido hostiles conmigo."

La gente exclamó: "Eso no es cierto; al contrario... le estábamos rindiendo honores en tu nombre."

"¿Qué dijeron?" preguntó el Nawab.

"Dijeron: '¡Salve, Gran Erudito!' Yo les estaba explicando que a menudo la ignorancia de los eruditos es la responsable de la confusión y desesperación del hombre."

Jan-Fishan Khan dijo: "La arrogancia de los eruditos es, muy a menudo, la responsable de la miseria del hombre; y es *tu* arrogancia, al afirmar que no eres un erudito, la que ha causado este tumulto. No ser un erudito, lo cual implica desapego de lo insignificante, es un logro. Raramente los eruditos son sabios, pues apenas son personas inalteradas repletas de pensamientos y libros.

"Esta gente estaba intentando honrarte. Si algunos creen que el barro es oro y es su barro... respétalo. No eres su maestro.

"¿No te das cuenta de que, al comportarte de ese modo tan susceptible y obstinado, estás actuando igual que un erudito y por lo tanto te mereces el nombre, aunque sea como insulto?

"Cuidado, hijo mío. Demasiados traspiés en el Camino del Logro Supremo... y puede que te conviertas en un erudito."

Diagnóstico

BAHAUDIN NAQSHBAND VISITÓ una vez el pueblo de Alucha después de que una delegación de ciudadanos, enterándose de que estaba pasando por una ruta cercana, lo esperara y rogase que pasara un tiempo con ellos.

"¿Quieren satisfacer su curiosidad en lo que respecta a mí, entretenerme y honrarme, o invitarme a que les imparta mis enseñanzas?" les preguntó.

El líder del grupo, luego de una consulta con sus compañeros, respondió:

"Hemos escuchado mucho acerca de ti y puede que no hayas escuchado nada sobre nosotros. Dado que aparentemente nos brindas el inusual privilegio de recibir tu enseñanza, aceptaremos con gratitud esta opción de las alternativas que nos has ofrecido."

Bahaudin entró al pueblo.

Toda la población estaba reunida en la plaza pública. Sus propios maestros espirituales escoltaron a Bahaudin hacia el lugar de honor; y cuando se sentó, el jefe de los filósofos de Alucha comenzó a dirigirse a él en estos términos:

"¡Presencia sublime y gran Maestro! Todos hemos oído hablar de ti, pues ¿quién no lo ha hecho? Pero, dado que sin dudas no estás familiarizado con los pensamientos de gente tan insignificante como nosotros, te rogamos que nos permitas delinearte nuestras ideas para que acaso puedas apoyarlas, enmendarlas o refutarlas, y seguramente todos nos beneficiemos de…"

Pero Bahaudin lo interrumpió, diciendo:

"Sin dudas les diré lo que pueden hacer, pero no hace falta que me digan nada acerca de ustedes."

Entonces procedió a describirle a la gente sus métodos de pensamiento y también sus propias dificultades y la forma precisa en que consideran los diversos problemas de la vida y del ser humano.

Después de esto les dijo a los asombrados ciudadanos:

"Ahora, antes de explicarles cómo remediar esta situación, acaso quieran expresar algunos sentimientos reprimidos en sus corazones para que yo pueda explicarme en pos de su edificación; y de esta forma podrán prestar una atención completa a lo que estoy por decir."

El mismo portavoz, después de consultar con la gente, dijo:

"¡Oh anciano y guía! La causa unánime de nuestro asombro y curiosidad es cómo puedes saber tanto de nosotros y nuestros problemas y nuestras especulaciones. ¿Estamos en lo cierto al inferir que semejante conocimiento solamente puede existir donde hay una forma superior de percepción directa, en un individuo inusualmente bendecido?"

Como respuesta, Bahaudin pidió una jarra, un cuenco con agua, un poco de sal y harina; echó la sal, la harina y el agua en la jarra. Luego le dijo al portavoz principal:

"Por favor, ¿serías tan amable de decirme qué hay en esta jarra?"

El hombre dijo:

"Reverencia, hay una mezcla de harina, agua y sal."

"¿Cómo sabes la composición de la mezcla?" preguntó Bahaudin.

"Cuando los ingredientes son conocidos", dijo el portavoz, "no puede haber duda alguna acerca de la naturaleza de la mezcla."

"Esa es la respuesta a tu pregunta, que seguramente no requiere más explicaciones de mi parte", dijo Bahaudin Naqshband.

El kashkul

Se cuenta que, una vez, un derviche detuvo a un rey en la calle. El rey dijo: "¿Cómo te atreves tú, un hombre insignificante, a interrumpir el avance de tu soberano?"

El derviche respondió:

"¿Puedes ser un soberano si ni siquiera eres capaz de llenar mi kashkul, el cuenco de un mendigo?"

Tendió su cuenco y el rey ordenó que se lo llenaran de oro.

Pero en cuanto parecía que el cuenco estaba lleno de monedas, estas desaparecían y de nuevo el cuenco se mostraba vacío.

Trajeron un saco de oro tras otro y el asombroso cuenco seguía devorando monedas.

"¡Alto!", gritó el rey, "¡pues este embaucador está vaciando mi tesoro!"

"Para ti, yo estoy vaciando tu tesoro", dijo el derviche, "pero para otros apenas estoy ilustrando una verdad."

"¿Y la verdad?", preguntó el rey.

"La verdad es que el cuenco representa los deseos del hombre y el oro lo que se le da al hombre. La capacidad de devorar del hombre no tiene fin, a menos que cambie de alguna manera. Mira, el cuenco se ha comido prácticamente toda tu riqueza pero sigue siendo un coco tallado y no comparte en absoluto la naturaleza del oro.

"Si te metes dentro de este cuenco", continuó el derviche, "te devorará a ti también. ¿Cómo puede un rey, entonces, considerarse importante?"

La vaca

Érase una vez una vaca. No había un animal en todo el mundo que diera regularmente tanta leche y de semejante calidad.

La gente venía de todas partes para ver esta maravilla; la vaca era ensalzada por todos. Los padres les hablaban a sus hijos de su dedicación con respecto a la tarea que le habían asignado. Los ministros de la religión exhortaban a sus rebaños a que la emularan como pudieran. Los funcionarios del gobierno se referían a ella como un modelo de comportamiento, planificación y pensamiento correctos que podría ser aplicado en la comunidad humana. En resumen, todos pudieron beneficiarse de la existencia de este animal maravilloso.

Había, sin embargo, una característica que la mayoría de la gente, absorta en las obvias ventajas de la vaca, no fue capaz de observar. Verás, tenía una pequeña costumbre: apenas se llenaba un balde con su leche verdaderamente inigualable... lo volcaba de una patada.

Individualidad y calidad

YAQUB, EL HIJO del juez, contaba que un día cuestionó de esta manera a Bahaudin:

"Cuando estaba en compañía del Murshid de Tabriz, él solía hacer un gesto para que no se le hablase cuando estaba en una estado de reflexión especial; pero tú estás a nuestra disposición todo el tiempo. ¿Estoy en lo correcto si infiero que esta diferencia se debe a tu indudablemente mayor capacidad de desapego, pues esta capacidad está bajo tu control en vez de ser una fugitiva?"

Bahaudin le contestó:

"No, siempre estás buscando comparaciones entre personas y estados; siempre estás buscando evidencias y diferencias; y cuando no lo estás, buscas similitudes. Realmente no necesitas mucha explicación para cuestiones que escapan a tales mediciones. Ha de considerarse que los diversos modos de comportamiento de parte de los sabios se deben a diferencias en su individualidad, no de su calidad."

El paraíso de la canción

AHANGAR ERA UN grandísimo espadero que vivía en uno de los remotos valles orientales de Afganistán. En tiempos de paz hacía arados de acero, herraba caballos y, sobre todo, cantaba.

Las canciones de Ahangar, quien es conocido por distintos nombres en varias zonas del Asia Central, eran escuchadas entusiastamente por los habitantes de los valles. Venían desde los bosques de nogales gigantes, desde las nevadas cumbres del Hindu Kush, desde Qataghan y Badakhxan, desde Khanabad y Kunar, desde Herat y Pagman, para escuchar sus canciones.

Sobre todo, la gente venía a escuchar la canción de las canciones, que era la Canción del Valle del Paraíso, de Ahangar.

Esta canción tenía cierta característica inquietante y una cadencia extraña; pero por encima de todo poseía una historia que era tan fuera de lo común que la gente sentía que conocía el remoto Valle del Paraíso acerca del cual cantaba el espadero. A menudo le pedían que la cantara cuando no estaba de humor para hacerlo, y se negaba; a veces la gente le preguntaba si el Valle era verdaderamente real, y Ahangar solamente podía decir:

"El Valle de la canción es tan real como la realidad misma."

"Pero, ¿cómo lo sabes?" preguntaba la gente. "¿Has estado allí alguna vez?"

"No de un modo ordinario", decía Ahangar.

Para él, y para casi todas las personas que lo escucharon, el Valle de la canción era, sin embargo, real como la realidad misma.

Aisha, una doncella local amada por Ahangar, dudaba de que pudiera existir un lugar así; también lo hacía Hasan, un fanfarrón y temible espadachín que había jurado casarse con Aisha y quien no perdía oportunidad para reírse del espadero.

Un día, cuando los aldeanos estaban sentados en silencio luego de que Ahangar les hubo contado un cuento, Hasan habló:

"Si crees que este valle es tan real y que está, como dices, más allá de las montañas de Sangan donde surge la neblina azul, ¿por qué no intentas encontrarlo?"

"Sé que no sería correcto", dijo Ahangar.

"¡Sabes lo que es conveniente saber y no sabes lo que no quieres saber!" gritó Hasan. "Ahora, amigo mío, te propongo una prueba. Amas a Aisha, pero ella no confía en ti; no tiene fe en tu Valle absurdo. Nunca podrás casarte con ella, porque donde no hay confianza entre marido y mujer no hay felicidad, y ocurren todo tipo de desgracias."

"¿Pretendes que vaya al valle, entonces?" preguntó Ahangar.

"Sí" dijeron al unísono Hasan y todos los presentes.

"Si voy y regreso sano y salvo, ¿aceptará Aisha casarse conmigo?" preguntó Ahangar.

"Sí", murmuró ella.

Entonces Ahangar, recogiendo algunas moras secas y un trozo de pan, partió hacia las lejanas montañas.

Subió y trepó, hasta que se topó con un muro que rodeaba toda la cordillera. Tras haber escalado su escarpada pared lateral, encontró otro muro que era incluso más escarpado que el primero; y luego había un tercero y un cuarto y, finalmente, un quinto muro.

Descendiendo del otro lado, Ahangar descubrió que estaba en un valle sorprendentemente similar al suyo.

La gente salió a darle la bienvenida y al verlos Ahangar se dio cuenta de que algo muy extraño estaba sucediendo.

Meses después y caminando como un anciano, Ahangar el espadero llegó cojeando a su aldea natal y enfiló hacia su humilde choza. Dado que se corrió la voz de su regreso por todos lados, la gente se reunió frente a su hogar para escuchar cuáles habían sido sus aventuras.

Hasan el espadachín habló en nombre de todos y desde la ventana llamó a Ahangar.

Todos quedaron boquiabiertos cuando vieron cuánto había envejecido.

"Bueno, Maestro Ahangar, ¿lograste llegar al Valle del Paraíso?"

"Lo logré."

"¿Y cómo era?"

Ahangar, buscando palabras a tientas, miró a la gente allí reunida con un cansancio y una desesperanza que jamás había sentido. Dijo:

"Escalé y subí y trepé. Cuando parecía que ya no podía haber vida humana en semejante sitio desolado, y luego de muchas vicisitudes y desilusiones, encontré un valle; era exactamente igual al nuestro. Y luego vi la gente; ellos no solo son como nosotros: son *nosotros mismos*. Por cada Hasan, cada Aisha, cada Ahangar, por cada uno de los que estamos aquí, hay otro exactamente igual en aquel valle.

"Cuando vemos tales cosas nos parecen retratos o reflejos nuestros; pero somos nosotros los retratos y reflejos de ellos... Aquellos que estamos aquí, somos sus dobles."

Todos creyeron que Ahangar se había vuelto loco debido a sus privaciones y Aisha se casó con Hasan el espadachín. Ahangar envejeció rápidamente y murió; y toda la gente, cada uno de los que habían escuchado esta historia de labios de Ahangar, se desanimó, para luego envejecer y dejarse morir pues sentían que iba a suceder algo incontrolable y ante lo cual no tenían esperanzas, perdiendo así el interés por la vida misma.

Es solo una vez cada mil años que el hombre ve este secreto. Cuando lo hace, sufre un cambio. Cuando les cuenta a otros la realidad de los hechos, se marchitan y mueren.

La gente cree que semejante evento es una catástrofe y es por ello que no quieren saber nada acerca de eso, pues no pueden comprender (tal es la naturaleza de sus vidas ordinarias) que tienen más de un yo, más de una esperanza, más de una chance... allí arriba, en el Paraíso de la Canción de Ahangar, el grandísimo espadero.

El tesoro de los custodios

UN PRÍNCIPE DE la ilustre Casa de Abbas, pariente del tío del Profeta, llevaba una existencia humilde en Mosul, Irak. Su familia había sufrido desgracias y regresado al destino común del hombre: el trabajo. Después de tres generaciones, la familia había logrado restablecerse un poco y el príncipe tenía el estatus de un pequeño comerciante.

Este hombre, cuyo nombre era Daud el Abbassi, meramente se llamaba a sí mismo Daud, hijo de Altaf, tal como es costumbre entre los nobles árabes. Pasaba días enteros en el mercado vendiendo frijoles y hierbas, intentando recuperar la fortuna familiar.

Este proceso continuó durante varios años, hasta que Daud se enamoró de la hija de un rico mercader: Zobeida Ibnat Tawil; ella estaba más que dispuesta a casarse con él, pero en su familia había una costumbre según la cual cualquier futuro yerno debía producir una gema excepcional que pudiese ser comparada a aquella elegida especialmente por el padre de la novia, con el fin de evidenciar su ingenio y también su riqueza material.

Luego de las negociaciones preliminares, cuando a Daud se le mostró el brillante rubí que Tawil había elegido para la prueba, el corazón del joven tendero se entristeció. No solo esta gema era de la más excelsa calidad, sino que su tamaño y color eran tales que seguramente las minas de Badakhxan nunca habían podido producir algo semejante más que una vez cada mil años...

Transcurría el tiempo mientras Daud pensaba en todas las formas posibles de conseguir el dinero con el cual podría, al menos, igualar el precio de la joya. Finalmente descubrió, gracias a un joyero, que apenas tenía una oportunidad. Si enviaba a pregoneros para que le hicieran ofertas a cualquiera que pudiese fabricar una copia exacta, ofreciendo no solamente su casa y todas sus posesiones sino también tres cuartos de cada centavo que ganara durante el resto de su vida, quizá tendría una chance de encontrar un rubí similar.

Por consiguiente, Daud hizo pública su intención.

Día tras día corría la voz de que se estaba buscando un rubí de valor, brillo y color asombrosos, y muchas personas llegaron presurosamente de todas partes a la casa del mercader para ver si podían proporcionar algo tan magnífico; pero luego de un lapso de casi tres años Daud descubrió que ni en Arabistán o Ajam o en el Jorasán o el subcontinente indio o ni siquiera en África, Java o Ceilán, había ningún rubí que se aproximara a la excelencia del que su probable futuro suegro había encontrado.

Zobeida y Daud estaban al borde de la desesperación. Parecía como si nunca fueran a casarse, pues el padre de la joven se negaba rotundamente a aceptar cualquier cosa que no fuese, al menos, tan excelsa como su rubí.

Una noche, sentado en su pequeño jardín pensando por milésima vez en algún medio para ganar la mano de Zobeida, Daud se percató de que una figura alta y demacrada estaba de pie junto a él; en su mano tenía un bastón, sobre su cabeza un gorro derviche y colgando de su cintura había un cuenco metálico de mendigo.

"¡La paz sea contigo, oh mi rey!" dijo Daud con el saludo acostumbrado, poniéndose de pie.

"Daud, el Abbassi, ¡vástago de la Casa de Quraysh!" dijo la aparición, "soy uno de los guardianes de los tesoros del Apóstol y he venido a ayudarte en tu extrema necesidad. Buscas un rubí sin parangón; te lo daré, ¡de los tesoros de nuestro patrimonio que han sido dejados a salvo en las manos de los custodios pobres!"

Daud lo miró y dijo: "Todo el tesoro que estaba en poder de nuestra Casa fue gastado, vendido y saqueado hace siglos. No nos queda más que nuestro nombre y ni siquiera lo usamos por miedo a deshonrarlo; ¿cómo es que queda algún tesoro de mi patrimonio?"

"Todavía queda algo de tesoro, precisamente porque no todo fue dejado en manos de la Casa", dijo el derviche; "pues la gente siempre roba primero a aquellos de quienes se sabe que tienen algo para robarles. Sin embargo, cuando eso ya no está, los ladrones no saben dónde buscar. Esta es la primera medida de seguridad de los Custodios."

Daud reflexionó que muchos derviches tienen fama de ser excéntricos y por ende solamente dijo:

"¿Quién dejaría valiosísimos tesoros, como la gema de Tawil, en manos de un mendigo harapiento? ¿Y qué mendigo andrajoso, habiendo recibido semejante joya, se abstendría de desperdiciarla o venderla y despilfarrar el dinero en un frenesí gastador?"

El derviche contestó:

"Hijo mío, esto es exactamente lo que se espera que crea la gente. Debido a que los mendigos son harapientos, las personas imaginan que desean ropa; porque un hombre tiene una joya, la gente imagina que la desperdiciará si no es un mercader próspero. Tus pensamientos son las cosas que ayudan a asegurar nuestro tesoro."

"Entonces llévame al tesoro", dijo Daud, "para que pueda ponerle fin a mis insoportables dudas y miedos."

El derviche le vendó los ojos a Daud y lo hizo andar, vestido como ciego, día y noche montado en un burro arisco. Se apearon y caminaron a través de una hendidura montañosa; y cuando se le quitó la tela de sus ojos, Daud vio que estaba en una bóveda donde incalculables cantidades e increíbles variedades de piedras preciosas brillaban desde los estantes tallados en las paredes rocosas.

"¿Es posible que este sea el tesoro de mis antepasados? Pues jamás he escuchado hablar de algo ni remotamente parecido, incluso en los tiempos de Harún el-Rashid", dijo Daud.

"Puedes estar seguro de que lo es", dijo el derviche, "y mucho más que eso. Esta es apenas una caverna, la que contiene las joyas que puedes elegir... hay mucho más."

"¿Y es mío?"

"Es tuyo."

"Entonces me llevaré todo", dijo Daud, que estaba prácticamente vencido por la codicia que sus ojos le presentaban.

"Te llevarás solamente lo que has venido a buscar", dijo el derviche, "pues estás tan poco preparado para administrar esta riqueza correctamente como lo estaban tus antepasados. Si esto no fuese así, los Custodios habrían devuelto todo el tesoro hace siglos."

Daud eligió el único rubí que podía ser comparado con el de Tawil y el derviche lo llevó de regreso a su casa del mismo modo en que lo había traído. Daud y Zobeida se casaron.

Y de esta manera se cuenta que los tesoros de la Casa son entregados a los pertinentes herederos cuando tienen una verdadera necesidad de ellos. Hoy los Custodios no siempre se presentan como derviches con mantos emparchados; a veces se ven como los hombres más comunes. Pero no cederán los tesoros a menos que haya una necesidad real.

El apego llamado gracia

Un dedicado y estudioso buscador de la verdad llegó a la Tekkia de Bahaudin Naqshband.

Según la costumbre, asistió a las conferencias y no hizo preguntas.

Cuando finalmente Bahaudin le dijo: "Pídeme algo", este hombre dijo:

"Shah, antes de venir a verte estudié tal y tal filosofía con fulano de tal. Viajé hasta tu Tekkia atraído por tu reputación.

"Al escuchar tus conferencias he quedado muy impresionado con lo que dices y me gustaría continuar mis estudios contigo.

"Pero, dado que tengo semejante gratitud y apego a mis estudios previos y maestros, me gustaría que explicases su conexión con tu trabajo o al menos que me hagas olvidarlos, para que pueda continuar sin una mente dividida."

Bahaudin dijo:

"No puedo hacer ninguna de esas cosas. Lo que *puedo* hacer, sin embargo, es informarte de que el estar apegado a una persona y a un credo e imaginar que semejante apego proviene de una fuente superior, es una de las señas más obvias de la vanidad humana. Si una persona se obsesiona con los dulces, los llamaría divinos si alguien se lo permitiese.

"Con esta información puedes aprender sabiduría. Sin ella, solamente puedes aprender apego y llamarlo gracia."

"El hombre que necesita *malumat* (información), siempre supone que necesita *maarifat* (sabiduría)

Si realmente es un hombre de información, verá que lo siguiente que necesita es sabiduría.

Si es un hombre de sabiduría, solamente entonces estará libre de la necesidad de información."

Corrección

ABDULLAH BEN YAHYA le estaba mostrando a un visitante un manuscrito que había producido.

Este hombre dijo: "Pero esta palabra ha sido escrita incorrectamente."

De inmediato borró la palabra y la escribió según el parecer del invitado.

Cuando este se hubo ido le preguntaron a Abdullah: "¿Por qué hiciste eso, sobre todo cuando de hecho la 'corrección' era errónea, y escribiste la palabra equivocada en lugar de la original que era correcta?"

Contestó: "Fue una ocasión social. El hombre creyó que me estaba ayudando y que la expresión de su ignorancia era un indicio de conocimiento. Apliqué el comportamiento de la cultura y la amabilidad, no el de la verdad, pues cuando la gente quiere amabilidad e intercambio social no pueden tolerar la verdad. Si hubiese tenido con este hombre una relación de maestro-discípulo, las cosas habrían sido diferentes. Solo los estúpidos y los pedantes imaginan que su deber es enseñarles a todo el mundo, cuando generalmente la motivación de la gente no es buscar instrucción, sino atraer atención."

El santo y el pecador

HABÍA UNA VEZ un devoto derviche que creía que su tarea era reprochar a aquellos que hacían maldades e imponerles pensamientos espirituales para que pudiesen encontrar el sendero correcto. Lo que este derviche no sabía, sin embargo, era que un maestro no es solamente alguien que les dice a otros que actúen según principios fijos. A menos que el maestro sepa exactamente cuál es la situación interna de cada estudiante, puede que produzca lo contrario de lo que busca.

Sin embargo, un día este devoto encontró a un hombre que apostaba excesivamente y no sabía cómo curar el hábito. El derviche se ubicó justo afuera de la casa del apostador. Cada vez que salía rumbo a la casa de apuestas, el derviche colocaba una piedra por cada pecado sobre una pila que estaba armando como un recordatorio visible de la maldad.

Cada vez que salía, el apostador se sentía culpable; cada vez que regresaba, veía otra piedra sobre la pila; cada vez que ponía una piedra en la pila, el devoto sentía bronca para con el apostador y cierto placer personal (que llamaba "piedad") por haber registrado su pecado.

Este proceso continuó durante veinte años. Cada vez que el apostador veía al devoto, pensaba:

"¡Ojalá pudiese entender la bondad! ¡Cómo trabaja por mi redención ese santo! Ojalá pudiera arrepentirme, y sobre todo ser como él, pues seguramente tendrá un lugar entre los elegidos cuando llegue el día de la recompensa!"

Resulta que, debido a una catástrofe natural, ambos murieron al mismo tiempo. Un ángel vino a buscar el alma del apostador y gentilmente le dijo:

"Tú has de venir conmigo al paraíso."

"Pero", dijo el apostador, "¿cómo puede ser? Soy un pecador y debo ir al infierno. Seguramente estás buscando al devoto que se sentaba frente a mi casa y que estuvo intentando reformarme durante veinte años."

"¿El devoto?" dijo el ángel. "No, está siendo llevado a las regiones inferiores pues tiene que ser asado al espiedo."

"¿Qué clase de justicia es esta?" gritó el apostador, olvidándose de su situación, "¡debes de haber recibido las instrucciones al revés!"

"No es así", dijo el ángel, "y te explicaré por qué no: el devoto ha estado regodeándose durante veinte años con sentimientos de superioridad y mérito. Ahora le toca reequilibrar la balanza.

Realmente él puso esas piedras en la pila para él mismo, no para ti."

"¿Y qué hay acerca de mi recompensa? ¿Qué *me he* ganado?", preguntó el apostador.

"Has de ser recompensado porque cada vez que pasabas al lado del derviche primero pensabas en la bondad y después en el derviche. Es la bondad, no el hombre, la que te está recompensando por tu fidelidad."

Los sheikhs de los casquetes

BAHAUDIN NAQSHBAND FUE contactado por los sheikhs de cuatro grupos Sufis de la India, Egipto, Turquía y Persia. Le pidieron, en cartas elocuentemente escritas, que les enviara enseñanzas que pudiesen impartir a sus seguidores.

Primero, Bahaudin dijo: "Lo que tengo no es nuevo; ustedes lo tienen y no lo usan correctamente. Por lo tanto, cuando reciban mis mensajes simplemente dirán: 'Estas no son nuevas'."

Los sheikhs contestaron: "Con respeto, creemos que nuestros discípulos no pensarán así."

Bahaudin no respondió a estas cartas; pero las leyó en sus asambleas, diciendo: "Desde lejos podremos ver lo que ocurra. Sin embargo, aquellos que están en el medio del acontecimiento no harán el esfuerzo para ver qué les está sucediendo."

Entonces los sheikhs le escribieron a Bahaudin pidiéndole que diese alguna muestra de interés. Bahaudin les envió casquetes, el *araqia*, para que los repartiesen entre sus discípulos diciendo que los mandaba él pero sin revelar el por qué.

Dijo a su asamblea: "He hecho tal y tal cosa. Nosotros los que estamos lejos veremos lo que aquellos que están cerca de los eventos no verán."

Después de un tiempo les escribió a cada uno de los sheikhs, preguntándoles si habían respetado sus deseos y cuál había sido el resultado.

Los sheikhs escribieron: "Hemos respetado tus deseos." Pero en lo referido a los resultados, el sheikh de Egipto escribió: "Mi comunidad aceptó de buena gana tu regalo como un símbolo de santidad y bendición especiales, y apenas se repartieron los casquetes cada discípulo lo consideró como algo del más grande significado interior y como portador de tu autoridad."

Por otro lado, el sheikh de los turcos escribió: "La comunidad observa tus casquetes con cierto recelo; imaginan que presagian tu deseo de asumir su liderazgo. Algunos temen que incluso puedas influenciarlos desde lejos mediante este objeto."

Hubo otra reacción del sheikh de la India, quien escribió: "Nuestros discípulos están sumidos en una gran confusión y diariamente me piden que les interprete el significado de la distribución de *araqias*. No sabrán cómo actuar hasta que les diga algo acerca de ello."

La carta del sheikh de Persia decía: "El resultado de tu distribución de los casquetes es que los buscadores, contentos con lo que les has enviado, esperan tu siguiente regalo para que puedan realizar los esfuerzos que deberían ser puestos a disposición de su enseñanza y de ellos mismos"

Bahaudin le explicó a un grupo de Bujara:

"La característica superficial dominante de las personas en los círculos de la India, Egipto, Turquía y Persia fue manifestada en cada caso por las reacciones de sus miembros. Su comportamiento, cuando fueron enfrentados a un objeto trivial como es un casquete, habría sido exactamente igual si se hubieran enfrentado a mí en persona o con mis enseñanzas. Ni los discípulos ni los sheikhs han aprendido que deben buscar entre ellos mismos sus peculiaridades sofocantes. No deberían usar estas peculiaridades triviales como métodos para evaluar a los demás.

"Entre los discípulos del sheikh persa hay una posibilidad de comprensión, pues no tienen la arrogancia de imaginar que 'comprenden' que mis casquetes *los* bendecirán, *los* amenazarán, *los* confundirán. Según los tres casos, las características son: esperanza egipcia, miedo turco e incertidumbre india."

Algunas de las epístolas de Bahaudin Naqshbandi habían sido copiadas en el interín como acto piadoso y distribuidas por derviches bienintencionados – pero no iluminados – en El Cairo, el subcontinente indio y en diversas zonas persas y turcas; pero finalmente cayeron en manos de los círculos que rodeaban a estos mismos "Sheikhs de los Casquetes".

Es por ello que Bahaudin le pidió a un Kalendar errante que visitase a cada una de estas comunidades y que le informara cómo se sentían acerca de sus epístolas. A su regreso, este hombre dijo:

"Todos dijeron: 'Esto no es nada nuevo. Ya estamos haciendo todas estas cosas. No solo eso, sino que estamos basando en ello nuestras vidas cotidianas y así, mediante nuestra tradición existente, nos mantenemos ocupados día y noche con el recuerdo de estas cuestiones.'"

Acto seguido, El-Shah Bahaudin Naqshband convocó a sus discípulos; les dijo:

"Ustedes que están alejados de ciertos eventos conectados con estos cuatro grupos dirigidos por sheikhs, podrán ver qué poco se ha logrado mediante la operación del Conocimiento entre ellos. Aquellos que están allí presentes han aprendido tan poco que ya no pueden beneficiarse de sus propias experiencias. ¿Dónde, entonces, está la ventaja del 'recuerdo y la lucha diarios'?

"Tómense el trabajo de recopilar toda la información disponible acerca de este evento, infórmense de la historia completa, incluyendo el intercambio de cartas y lo que he dicho y el reporte del Kalendar que está aquí. Sean testigos de que hemos ofrecido los medios con los cuales otros pueden aprender. Hagan que este material sea puesto por escrito y estudiado, y permitan que aquellos que han estado presentes sean testigos para que, Dios mediante, acaso su lectura pueda prevenir que semejantes cosas sucedan frecuentemente en el futuro e incluso ello permita que les llegue a los ojos y oídos de quienes fueron afectados tan poderosamente por la 'acción' de casquetes inactivados."

El secreto de la habitación cerrada

Ayaz era amigo íntimo y esclavo del gran conquistador Mahmud el Destructor de Ídolos, monarca de Gazna; primero había llegado a la corte como un esclavo muy pobre y luego Mahmud lo convirtió en su consejero y amigo.

Los otros cortesanos estaban celosos de Ayaz y observaban todos sus movimientos, con la intención de denunciarlo por alguna falla suya y así provocar su caída.

Un día, estos celosos fueron a ver a Mahmud y dijeron:

"¡Sombra de Alá sobre la tierra! Has de saber que, infatigablemente entregados a tu servicio, hemos estado vigilando de cerca a tu esclavo Ayaz. Ahora debemos reportar que todos los días, apenas se va de la corte, Ayaz se encierra en una habitación pequeña donde no se le permite la entrada a nadie; pasa un rato allí y luego va a sus propios aposentos. Tememos que este hábito suyo pueda estar relacionado con un secreto inconfesable; acaso allí se junte con conspiradores que tienen planes de quitarle la vida a su majestad."

Durante mucho tiempo Mahmud se negó a escuchar nada en contra de Ayaz; mas el misterio de la habitación cerrada asedió su mente hasta que sintió que tenía que interrogar a Ayaz.

Un día, cuando Ayaz salía de su cuarto privado, un Mahmud rodeado de cortesanos apareció y exigió que se le mostrase la habitación.

"No", dijo Ayaz.

"Si no me permites entrar a la habitación, toda la confianza que tengo puesta en ti como hombre fidedigno y leal se habrá evaporado, y en adelante jamás podremos mantener nuestra relación en los mismos términos. Elige", dijo el feroz conquistador.

Ayaz lloró; luego abrió la puerta de la habitación y permitió que entrasen Mahmud y su personal.

El cuarto no tenía ni un mueble; todo lo que había era un gancho en la pared, del cual colgaba una andrajosa túnica emparchada, un bastón y un cuenco de mendigo.

El rey y sus cortesanos eran incapaces de comprender el significado de este descubrimiento.

Cuando Mahmud exigió una explicación, Ayaz dijo:

"Mahmud, durante años he sido tu esclavo, tu amigo y consejero. He intentando nunca olvidar mis orígenes y es por esta razón que he venido aquí día tras día para recordarme lo que yo fui. Te pertenezco, y todo lo que me pertenece a mí son mis harapos, mi palo, mi cuenco y mi errancia sobre la faz de la tierra."

El milagro del derviche real

Se cuenta que, un día, el maestro Sufi Ibrahim ben Adam estaba sentado en el claro de un bosque cuando dos derviches errantes se le acercaron; les dio la bienvenida y hablaron de asuntos espirituales hasta el atardecer.

Apenas anocheció, Ibrahim invitó a los viajeros a que cenaran con él. Ellos aceptaron inmediatamente y ante sus ojos apareció una mesa servida con los manjares más exquisitos.

"¿Hace cuánto que eres un derviche?", preguntó uno de ellos a Ibrahim. "Hace dos años", contestó él.

"Yo he estado siguiendo el Camino Sufi durante casi tres décadas y jamás se me ha manifestado una capacidad como la que nos has mostrado", comentó el hombre.

Ibrahim no dijo nada.

Cuando la comida casi se había terminado, un forastero de túnica verde penetró en el calvero; se sentó y comió algo de las sobras.

Todos se dieron cuenta, a través de una sensación interna, de que este era Khidr, el Guía inmortal de todos los Sufis; y esperaron que les impartiera algo de sabiduría.

Cuando se levantó para irse, Khidr simplemente dijo:

"Ustedes dos, derviches, se preguntan acerca de Ibrahim. Pero ¿a qué han renunciado para poder seguir el Sendero derviche?

"Abandonaron toda expectativa de seguridad y de una vida ordinaria. Ibrahim ben Adam era un poderoso rey y descartó la soberanía del sultanato de Balkh para convertirse en un Sufi. Es por ello que está muy por delante de ustedes. Durante sus treinta años, ustedes también han obtenido satisfacciones a través de la misma renuncia: esta ha sido su recompensa. Él siempre se ha abstenido de reclamar pago alguno por su sacrificio."

Y un momento después Khidr desapareció.

La prueba de Ishan Wali

ISHAN WALI, CUANDO apareció repentinamente en Siria procedente del Turquestán, mostró que tenía un notable repertorio de técnicas (que los externalistas denominaban sus "sabidurías") con las cuales era capaz de lograr un avance en el entonces lento estudio del Sufismo.

Descubrió, por ejemplo, que las escuelas Sufis se habían convertido en organizaciones unidas por el tradicionalismo y su consideración para con un maestro a expensas de las enseñanzas de los Sufis como un todo. Trabajaban con ejercicios e ideas que pertenecían justamente a otras personas, a otros tiempos e incluso a otros lugares.

La forma en que Wali abordó este problema impresionó enormemente a aquellos que, ignorando sus métodos, creían que debían ayudarlo. Entre ellos se encontraban Mustafá Ali Darazi, Ali-Muhammad Husseini y Tawil Tirmidhi; sus reportes aún sobreviven.

Les dijo:

"Al ojo externo que ve este rejunte de gente, quienes en realidad quizá se han convertido en molinos de harina en vez de escuelas, le resulta imposible diferenciar entre aquellos que han de ser abordados y los que no tienen capacidad de aprender. Como bien saben, les he mostrado que actualmente todos son inadecuados para el Trabajo. ¿Pero cuál de ellos es capaz de renacer?"

Señaló una fila de palmeras que estaban sufriendo el calor. "Si el agua es limitada, ¿qué árbol regamos? Les he mostrado que están marchitos, algo que no habían percibido antes. Ahora les voy a mostrar una manera de comprobar si un árbol puede revivir o no."

A manera de demostración, Ishan Wali se encontró con todos los sheikhs de las escuelas repetitivas, quienes en su mayoría le dieron amablemente la bienvenida y le hicieron saber que estarían encantados de recibir su ayuda para restablecer las enseñanzas.

No les aseguró nada. Separándose de ellos, les escribió a cada uno de la siguiente manera:

"Tengo algo de suma importancia que decirles *a* ustedes y nada en absoluto que decir *a través* de ustedes. Esto significa que se me debe permitir que me dirija directamente a sus seguidores. Si lo permiten, revelaré mis métodos. Si, por otro lado, no lo permiten, podré con el tiempo dirigirme a estas personas de forma indirecta. Pero de esa manera se habrán distanciado de mí mediante el rechazo y no seré capaz de dirigirme *a* ustedes.

Dado que soy responsable o bien de todos ustedes o de ninguno, al comienzo no puedo utilizarlos a ustedes como canal cuando puedo abordarlos directamente. Ya que han desarrollado semejante afinidad íntima con su comunidad, debo considerarlos a ustedes como una parte esencial de la comunidad y por ende no puedo tratarlos por separado."

Les explicó a sus ayudantes que aquellos sheikhs que estaban dispuestos a considerarse a sí mismos como alumnos del mismo modo que consideraban a sus propios estudiantes como discípulos, serían quienes dirigirían las Escuelas que podían ser revivificadas.

Algunos sheikhs respondieron con comprensión y otros reaccionaron con intensa desconfianza, abierta o encubiertamente, al enterarse del enfoque de Ishan Wali.

Aunque apreció la comprensión de aquellos que se consideraban a sí mismos como sus discípulos y que al mismo tiempo no creían ser superiores a sus propios discípulos más inexpertos a este respecto, se entristeció por las plantas marchitas.

Ali-Muhammad Husseini dijo: "¿Entonces debemos entristecernos por aquello que, según se ha demostrado, está muerto?"

Ishan Wali contestó: "No todos están muertos; es solamente su sospecha la que los hace comportarse como si estuviesen muertos."

Apenas hubo dicho esto, algunos sheikhs de las escuelas divididas cambiaron su actitud – como si hubieran escuchado una perceptiva voz interna – y pusieron sus turbantes a los pies de Ishan Wali.

Majzub, uno de los sheikhs previamente desconcertados, dijo a continuación:

"Sentí como si se me hubiese quitado un peso opresivo de encima; y entonces supe que era *mi* miedo y sospecha."

Pero Ishan Wali dijo: "Fueron las oraciones de los sheikhs 'marchitantes', más fuertes que sus miedos y sospechas, lo que hizo que viniesen a nosotros para recibir lo que teníamos para darles. De hecho, el mérito es todo suyo. ¿Qué mérito hay en hacer algo que sabemos? En el pasado se nos ha ensalzado por ejercitar virtudes; pero fueron *ellos* quienes en este caso, al empujar contra sus naturalezas llenas de óxido, han pulido el espejo de la comprensión."

Y así fue que los recelosos sheikhs conservaron su importancia en sus propias escuelas y se ganaron aún más respeto de sus propios discípulos. Los pocos que permanecieron distanciados descubrieron que sus estudiantes se inclinaban cada vez más hacia la confusión mental o la adhesión al Wali, quien les escribió diciendo:

"No acepto a sus estudiantes, pero no por cortesía para con ustedes sino porque la extremidad, sin la comprensión de todo el cuerpo, no puede funcionar. Si temen la pérdida de discípulos por mi presencia, entonces no teman: pues no puedo ayudarlos y siempre lo diré. Pero sí tengo miedo por vuestra situación futura."

Las plantas marchitas, a excepción de unas pocas, no respondieron a esta amable lluvia. Hoy, por supuesto, no hay rastro sobre la tierra de los seguidores de aquellos sheikhs que no adoptaron los métodos de Ishan Wali durante su estadía en Siria.

Milagros ocultos

ALGUIEN LE PREGUNTÓ a Fuwad Ashiq, viejo discípulo de Bahaudin Naqshband:

"¿Puedes decirme por qué es que el Maulana disimula sus milagros? A menudo lo he visto en algún lugar y al mismo tiempo otros han testificado que en ese momento estaban con él en otro lado. Similarmente, cuando cura a alguien mediante la oración, puede que diga: 'Habría sucedido de todas maneras.' La gente que le pide favores, o que son favorecidas por su interés, obtienen grandes ventajas en el mundo aunque él niegue su influencia o atribuya dichos sucesos al azar o incluso al trabajo de otros."

Fuwad dijo:

"Yo mismo he observado esto muchas veces; de hecho, desde que estoy tan a menudo con él esto es parte de mi experiencia cotidiana. La razón es que los milagros son el 'servicio extraordinario' en acción. No se hacen para hacer feliz o entristecer a la gente. Si impresionan, esto hará que la persona infantil se vuelva crédula y excitada, en lugar de hacerla aprender algo."

La entrada a un círculo Sufi

Si lees, si practicas, puede que estés cualificado para un círculo Sufi. Si solamente lees, no lo estarás. Si piensas que has tenido experiencias sobre las que puedes construir, puede que no estés cualificado.

Las palabras solas no comunican: debe haber algo ya preparado, de lo cual las palabras son un indicio.

La práctica por sí sola no perfecciona a la humanidad. El ser humano necesita el contacto con la verdad, inicialmente en una forma que lo ayudará.

Lo que es conveniente e impecable para un tiempo y lugar, es generalmente limitado, inadecuado o un obstáculo para otro tiempo y lugar. Esto es cierto en la búsqueda y también en muchos ámbitos de la vida ordinaria.

Ten esperanza y trabaja para que puedas ser aceptable para un círculo Sufi. No intentes juzgarlo, o a sus miembros, a menos que estés libre de codicia. La codicia te hace creer cosas que normalmente no creerías; te hace descreer de cosas que por lo general creerías.

Si no puedes superar la codicia, ejercítala únicamente donde puedas verla actuar; no la traigas al círculo de los iniciados.

Nazir el-Kazwini, "Las observaciones solitarias"

La historia de Ibn Halim

HUBO DOS HOMBRES de gran renombre como maestros del Camino Correcto. Ibn Halim cuenta que primero fue a ver a uno de ellos, cuyo nombre era Pir Ardeshir de Qazwin.

Le dijo a Pir Ardeshir: "¿Me aconsejarías qué hacer y qué no hacer?"

El Pir contestó:

"Sí, pero te daré tales instrucciones que te serán muy difíciles de realizar, dado que van en contra de tus preferencias... incluso aunque a veces tengas preferencia por la dificultad."

Ibn Halim pasó unos meses con Pir Ardeshir y descubrió que efectivamente la enseñanza le resultaba muy difícil. A pesar de que ahora los anteriores discípulos de Pir Ardeshir eran famosos en todo el mundo como maestros iluminados, él no podía tolerar los cambios, las incertidumbres y las asignaturas que se le imponían.

Finalmente le solicitó al Pir permiso para irse; viajó a la Tekkia del segundo maestro, Murshid Amali.

Le preguntó al Murshid: "¿Me impondrás cargas que acaso me resulten casi intolerables?"

Amali contestó:

"No te impondré tales cargas."

Ibn Halim preguntó:

"¿Me aceptarás como discípulo?"

El Murshid dijo:

"No hasta que me hayas preguntado por qué mi entrenamiento no sería tan arduo como el del Pir Ardeshir."

Ibn Halim preguntó: "¿Por qué no sería tan arduo?"

El Murshid le contó: "Porque entonces ni tú ni tu bienestar real me importarían como le importaban a Ardeshir. Por lo tanto no debes pedirme que te acepte como discípulo."

La mujer Sufi y la reina

Cierta mujer que pertenecía a la deshonrada familia de los Omeyya, habiéndose convertido en Sufi, fue a visitar a la reina del hogar de el-Mahdi, que había reemplazado a los Omeyya.

La misma reina era conocida como una mujer delicada y compasiva. Cuando vio la figura demacrada y harapienta de la pobre princesa Omeyya ante su puerta, le pidió que entrase y se preparó para brindarle palabras de consuelo y regalos que seguramente aliviarían su evidente penuria.

Pero apenas la princesa dijo:

"Soy una hija de la familia de los Omeyya..." la reina se olvidó de toda su caridad y gritó:

"¡Una mujer de los malditos Omeyya! Sin dudas has venido a pedir limosna, olvidando las cosas que tu gente hizo a mi familia, cómo los oprimieron y trataron sin piedad, dejándolos a la buena de Dios..."

"No", dijo la princesa Omeyya, "no vine buscando simpatía, perdón o dinero. Vine para ver si la familia de el-Mahdi había aprendido cómo comportarse a partir del ejemplo de sus predecesores, quienes no sabían cómo hacerlo: los despiadados hijos de los Omeyya; o si la conducta que deploras fue una enfermedad contagiosa que seguramente provocará la ruina de aquellos que la han contraído."

La princesa Omeyya se fue; no se la vio nunca más.

Pero tenemos esta historia solamente por las palabras de la reina de el-Mahdi, y acaso haya sido la causa de alguna mejora en el comportamiento humano, en algún lugar.

El asistente del cocinero

CIERTO FAMOSO, QUERIDO e influyente mercader visitó a Bahaudin Naqshband; le dijo en asamblea abierta:

"He venido a ofrecerte mi sumisión a ti y a tu enseñanza, y te ruego que me aceptes como discípulo."

Bahaudin le preguntó:

"¿Por qué sientes que eres capaz de sacar provecho de la enseñanza?"

El mercader contestó:

"En ti encuentro todo lo que he conocido y amado en la poesía y en la enseñanza de los antiguos, tal como está registrado en sus libros. En ti realmente encuentro perfecta y completamente todo lo que otros maestros Sufis predican, ensalzan y cuentan de los sabios, pero no en ellos. Te considero como uno de los grandes, pues puedo percibir el aroma de la Verdad en ti y en todo lo que está vinculado contigo."

Bahaudin le pidió al hombre que se retirase, diciendo que le comunicaría su decisión sobre su aceptabilidad a su debido tiempo.

Después de seis meses, Bahaudin convocó al mercader y le dijo:

"¿Estás preparado para tener un diálogo público conmigo?"

Contestó:

"Por mis ojos y mi cabeza que sí."

Cuando la reunión matinal iba progresando, Bahaudin llamó al comerciante e hizo que se sentara a su lado; les dijo a los oyentes:

"Este es fulano, el distinguido rey de los mercaderes de esta ciudad. Hace seis meses vino aquí creyendo que podía percibir el aroma de la verdad en todo lo vinculado conmigo."

El mercader dijo:

"Este período de prueba y separación, estos seis meses sin un atisbo del Maestro, este exilio, han hecho que me sumerja en los clásicos incluso aún más profundamente, para que al menos pudiese mantener algún tipo de relación con aquel a quien deseo servir, Bahaudin el-Shah, el cual es visiblemente idéntico a los Grandes Sabios."

Bahaudin dijo:

"Seis lunas han pasado desde que estuviste aquí por última vez. No has estado ocioso: has estado trabajando en tu tienda y estudiando las vidas de los grandes Sufis. Sin embargo, podrías haberme estudiado a mí, a quien consideras identificable con los Sabedores del pasado, ya que he estado dos veces por semana en tu tienda. Durante estos seis meses, en los cuales 'no hemos estado en contacto', estuve cuarenta y ocho veces en tu tienda; y en la mayoría de dichas ocasiones hice algún tipo de transacción contigo, comprando o vendiendo mercadería. Debido a los bienes o a un simple cambio de vestuario y apariencia, no me reconociste. ¿Es esto 'percibir el aroma de la verdad'?"

El mercader permaneció en silencio.

Bahaudin continuó:

"Cuando te acercas al hombre a quien otros llaman 'Bahaudin', puedes sentir que él es la verdad. Cuando te encuentras con el hombre que se autodenomina mercader Khaja Alavi (uno de los pseudónimos de Bahaudin) no puedes percibir el aroma de la verdad en aquello que está vinculado con Alavi. Obviamente solo descubres en Naqshband lo que otros predican y no son. En Alavi no descubres lo que son los sabios porque no parecen serlo. La poesía y enseñanza a las cuales te has referido son una manifestación exterior; tú alimentas una manifestación exterior. Por favor, no llames a eso espiritualidad."

Este mercader era Mahsud Nadimzada, posteriormente un famoso santo, que se convirtió en discípulo de Bahaudin luego de haberse sometido al estudio bajo la guía del cocinero del Khanqa, quien ignoraba casi todo acerca de la poesía, de las charlas espirituales y de los ejercicios.

Una vez dijo:

"Si no hubiese estudiado lo que imaginaba que era un camino espiritual, no habría tenido que olvidar los numerosos errores y superficialidades que el Khalifa-Ashpaz (el cocinero) evaporó fuera de mí al ignorar mis pretensiones."

¿Por qué lo mojado no está seco?

Antes de ser ampliamente conocido por la gente, Khidr viajó durante miles de años por la tierra buscando a quienes pudiera enseñar.

Cuando encontraba estudiantes apropiados, les brindaba verdades y artes útiles. Pero en cuanto introducía una nueva enseñanza, se la apropiaban para hacer un mal uso de ella.

La gente solo se preocupaba de la aplicación de la capacidad y de las leyes, y no acerca de comprender en profundidad, por lo que el conocimiento no pudo desarrollarse como un todo.

Entonces un día Khidr decidió aplicar un método diferente de aprendizaje: transformó a muchas cosas en sus opuestos. Por ejemplo, hizo que lo que solía estar mojado estuviese seco y lo seco, mojado.

Pronto la gente se acostumbró a esto, y simplemente se amoldaban a considerar lo mojado como seco y lo seco como mojado.

Habiendo invertido un gran número de cosas, Khidr regresará un día para mostrar nuevamente cuál es cuál.

Hasta que lo haga, solo unos pocos serán capaces de beneficiarse del trabajo de Khidr. Los que no podrán son aquellos a quienes les gusta decir: "Yo ya sabía eso", cuando de hecho no lo sabían.

Libros

Si distribuyo un libro vacío, lo cual significa: "Aún no puedes beneficiarte con mi libro", acaso pensarás: "Me está insultando."

Pero si ofrezco un libro completo e inteligible, todos los lectores se estimularán con sus superficialidades, exclamando "cuán magnífico, cuán profundo". La gente seguirá estas cuestiones externas una vez que me haya ido, haciéndolas una fuente de estímulo y debate; a partir de ellas inferirán cuestiones didácticas o poesía o ejercicios o historias.

Si no doy libros, o doy uno pequeño, los eruditos se burlarán y arruinarán las mentes de los potenciales y vulnerables estudiantes con literatura alternativa, aún más de lo que ya lo hacen actualmente.

Los estudiantes desconcertados se vuelven destructivos, imaginando soluciones y luego tratando de imponérselas a los demás.

Si doy un libro voluminoso, algunos imaginarán que es pretencioso. Notarás que todas estas suposiciones están allí porque a la gente le conviene tenerlas, no porque exista la mínima posibilidad de que sean verdad.

Si ofrezco un libro críptico, las personas imaginarán que contiene secretos extraños; o puede que se vuelvan innecesariamente ingeniosas por tratar de entenderlo.

Y cuanto más dices estas cosas, más la gente dice petulante o desdeñosamente: "No nos entiendes. No nos comportamos así. La falta de comprensión es tuya."

Pero si yo digo todas estas cosas y tomas nota de todo aunque sea por un rato, prestándole la misma atención a cada afirmación, estaré contento.

(Bahaudin)

Cuando una persona se encuentra a sí misma

UNA DE LAS dificultades más grandes del hombre es también su mayor desventaja. Podría ser corregida si alguien se tomase el trabajo de señalarla con frecuencia y convincentemente.

La dificultad es que el humano se está describiendo a sí mismo cuando cree que está describiendo a otros.

¿Cuán a menudo escuchas a la gente decir sobre mí:

"Considero a este hombre como el Qutub (Polo magnético) de la Era"?

Naturalmente, quiere decir: "*Yo* considero a este hombre..."

Está describiendo sus propios sentimientos o convicciones, cuando en realidad lo que querríamos saber es algo acerca de la persona o cosa que está siendo descripta.

Cuando dice: "Esta enseñanza es sublime", quiere decir: "Esto parece que me conviene." Pero acaso habríamos querido saber algo acerca de la enseñanza, no de cómo cree que lo influencia.

Algunos dicen: "Pero una cosa puede ser verdaderamente conocida mediante su efecto. ¿Por qué no observar el efecto sobre una persona?"

La mayoría de la gente no entiende que, por ejemplo, el efecto de la luz del sol en los árboles es algo constante. Para conocer la naturaleza de la enseñanza deberíamos tener que conocer la naturaleza de aquel sobre la cual ha actuado; la persona ordinaria no puede saber esto; todo lo que puede saber es lo que esa persona supone que es un efecto sobre sí misma... y no tiene una imagen coherente de lo que "ella misma" es. Dado que el observador externo sabe incluso menos que la persona que se describe a sí misma, nos quedamos con una evidencia bastante inútil. No tenemos testigos confiables.

Recuerda que, mientras esta situación persista, generalmente habrá un igual número de personas diciendo: "Esto es maravilloso", que las que dicen: "Esto es ridículo." "Esto es ridículo" verdaderamente significa: "Esto me parece ridículo", y "esto es maravilloso" significa: "Esto me parece maravilloso."

¿En serio disfrutas de ser así?

Mucha gente lo hace, mientras que enérgicamente simulan lo contrario.

¿Te gustaría ser capaz de evaluar qué es realmente ridículo o maravilloso o algo entre dichos extremos?

Puedes hacerlo, pero no cuando supones que lo puedes hacer sin práctica alguna, sin entrenamiento, en medio de cierta confusión en lo referido a qué es lo que eres y por qué te gusta o disgusta algo.

Cuando te hayas encontrado a ti mismo podrás tener conocimiento; hasta entonces solamente podrás tener opiniones. Las opiniones se basan en el hábito y en lo que imaginas que es conveniente para ti.

El estudio de la Vía requiere el autoencuentro a lo largo del camino; aún no te has encontrado. La única ventaja de encontrar a otros en el interín es que acaso uno de ellos te presente a ti mismo.

Antes de que eso ocurra, posiblemente imaginarás que te has encontrado contigo varias veces; pero la verdad es que cuando te encuentras contigo mismo, ingresas a una dotación y legado de conocimiento permanentes que no tiene parangón sobre la tierra.

(Tariqavi)

El Sufi y el cuento de Halaku

Un maestro Sufi fue visitado por varias personas de diversos credos que le dijeron:

"Acéptanos como discípulos, pues vemos que no queda ninguna verdad en nuestras religiones y estamos seguros de que lo que tú enseñas es el único camino verdadero."

El Sufi dijo:

"¿No han oído hablar del mongol Halaku Khan y su invasión de Siria? Permítanme que les cuente. El visir Ahmad del califa Mustasim de Bagdad invitó al mongol a invadir los dominios de su señor. Cuando Halaku hubo ganado la batalla por Bagdad, Ahmad salió a su encuentro para ser recompensado. Halaku le preguntó: '¿Buscas tu recompensa?', y el visir respondió: 'Sí.'

"Halaku le dijo: 'Has traicionado a tu propio señor conmigo y sin embargo esperas que yo crea que me serás fiel.' Tras decir esto, ordenó que Ahmad fuese colgado.

"Antes de pedir a alguien que los acepte, pregúntense si es porque simplemente no han seguido el camino de su propio maestro. Si están satisfechos con la respuesta, entonces vengan y pidan ser aceptados como discípulos."

Peces en la luna

UNA VEZ LE preguntaron al Sheikh Bahaudin Naqshband:

"¿Por qué siempre dices que nadie puede aprender Sufismo solo y que cualquiera que crea estar más avanzado que otro en el Camino es insignificante?"

Contestó:

"Porque mi experiencia diaria me muestra que aquellos que creen poder aprender Sufismo solos, de hecho no pueden; son muy egocéntricos. Aquellos que creen no poder aprenderlo solos, de hecho pueden hacerlo. Pero, debido a la vanidad, es solamente un maestro verdadero quien puede autorizarlos a continuar solos, dado que es capaz de diagnosticar su verdadera condición.

"Quienquiera que crea tener más conocimiento que otro es casi completamente ignorante y no es capaz de aprender más. Da vueltas y vueltas en los 'intestinos del diablo' de su propia ignorancia. Esto es porque la experiencia del conocimiento verdadero no es en absoluto similar a creer que uno está más avanzado que otro.

"Notarás que nunca acepto como discípulo a alguien a quien he criticado por ser terco. Esto se debe a que ciertamente sentiría, más allá de lo que imagine, que mi crítica hacia él estaba motivada por un deseo de enseñarle; por lo tanto, siempre despido a quienes critico. Pero hay esperanza de que acaso encuentren en algún lugar a un maestro que no los halague... aunque es tan probable como que haya peces en la luna."

Kilidi y las piezas de oro

EL MAESTRO SUFI Kilidi descubrió que varios de sus discípulos pasaban mucho tiempo difundiendo historias de sus increíbles virtudes y su extraordinario poder de anticiparse a los pensamientos y a las necesidades de instrucción de sus discípulos.

Los reprochaba una y otra vez, pero la tendencia humana a jactarse de alguien a quien se sirve o admira era demasiado fuerte para ellos. Un día les advirtió: "A menos que dejen esta práctica, la cual no solo me mantiene rodeado de turistas sino que me impide impartirles más conocimiento significativo, tendré que aplicar un castigo ejemplar y ello hará que me tengan aversión. Los transformaría en el hazmerreír por haberme seguido."

Dado que esta advertencia no tuvo el efecto deseado, poco después Kilidi le dio a un mendigo que pasaba por allí cien piezas de oro en presencia de varios discípulos y miembros del público.

Al rato el mendigo regresó con el oro, diciendo:

"Este oro no me ha servido para nada. Ahora mi esposa dice que ella debería tener la mitad o que al menos debería recibir de ti la misma cantidad, ya que es tan pobre como yo."

Kilidi agarró el oro y se lo pasó a un hombre rico que estaba allí, diciendo:

"Los ricos no se quejan de su dinero."

Dijo al mendigo:

"Ahora que has vuelto a tu estado anterior, retoma la relación naturalmente armoniosa con tu esposa."

Volviéndose a sus discípulos, dijo:

"¿Ven? Kilidi comete errores y el mundo también lo ha visto."

Trigo y cebada

Un DISTINGUIDO ERUDITO que estaba visitando a Bahaudin Naqshband preguntó:

"Mediante tu carácter, ejercicios y capacidad manifiesta para el bien, eres reconocido públicamente – al igual que en el corazón de tus discípulos – como el actual Maestro de la Era. ¿Fue siempre así para ti?"

Bahaudin dijo:

"No, no siempre fue así."

El visitante replicó:

"Los Sufis más antiguos eran considerados frecuentemente como imitadores, ridiculizados por los eruditos, temidos por los intérpretes. Algunos de aquellos a quienes los Adeptos consideraban como sus ejemplares más nobles están registrados en los libros de los formalmente instruidos como indeseables o como influencias que no han de ser bien recibidas por las autoridades; mas si han contribuido al conocimiento y a la práctica de la Vía, ¿seguramente eran notorios Adeptos?"

Bahaudin dijo:

"Algunos son claramente adeptos, otros son claramente nada."

"Entonces, ¿dónde yace la cualidad esencial del derviche?"

"Yace en su realidad, no en su apariencia."

"¿Acaso tales personas no tienen cualidades mediante las cuales cualquiera puede evaluarlas?"

Bahaudin contestó:

"Recuerda el cuento del trigo y la cebada. Hace mucho tiempo alguien plantó trigo en un campo. Todo el mundo se acostumbró a ver crecer el trigo y a vivir del pan hecho con su harina. Pero pasó el tiempo y fue necesario plantar cebada. Cuando esta surgió, mucha gente – literalistas, tal como suelen ser los eruditos ordinarios – exclamó: "¡Esto no es trigo!"

"'Es cierto', dijeron los cultivadores de cebada, 'pero es un cereal, y lo que todos necesitamos son cereales.'

"'Charlatán', exclamaron los literalistas. Muchas veces, cuando se cosechaba la cebada, el clamor para expulsar a los cultivadores era tan fuerte y eficaz que estos eran incapaces de proveerle harina a la gente. La gente se moría de hambre pero creían, persuadidos por sus consejeros de mentalidad literal, que hacían bien en rechazar la cosecha de los cultivadores de cebada."

El visitante preguntó:

"Entonces lo que denominamos 'Sufismo', ¿es realmente el cereal de tu historia? En ese caso, ¿hemos estado llamando 'cereales' al 'trigo' o a la 'cebada', y tenemos que darnos cuenta de que hay algo más profundo de lo cual ambos cultivos son una manifestación?"

"Sí", dijo el Maulana.

"Seguramente sería más deseable si se nos pudiese dar conocimiento de 'cereales' en vez de 'harina' o 'cebada' bajo el nombre de 'cereales', dijo el inquiridor.

"Seguramente sería mejor si pudiese ser hecho", dijo Bahaudin, "pero el caso es que la mayoría de la gente, por su propio bien y el de los demás, aún tiene que trabajar por la cosecha para poder comer. Hay muy pocos que saben qué son los cereales: son aquellos a quienes llamas Guías. Cuando un hombre sabe que acaso la gente muera de hambre, tiene que suministrar el alimento que puede. Solo aquellos que no están trabajando en los campos tienen tiempo para preguntarse acerca del grano; son ellos, también, quienes no tienen derecho a hacerlo, pues no lo han probado ni están trabajando en pos de la producción de harina para la gente."

"Es malo decirles a las personas que hagan cosas cuando no pueden comprender por qué deberían hacerlas", dijo el visitante.

"Peor es explicar que cierto árbol va a caer, con tal detalle, que antes de que hayas terminado de relatarlo tu público habrá muerto aplastado por él", contestó Bahaudin.

El frasco de vino

EN LAS ASAMBLEAS de los sabios se cuenta que había una vez un hombre que deseaba atender a un amigo con la mayor hospitalidad de la que era capaz.

Luego de la cena y de una larga sobremesa con su amigo, el anfitrión dijo:

"Quizá deberíamos beber un poco de vino para sacudir la insulsez de nuestro pensamiento y para estimular la nitidez de nuestros sentimientos."

Su invitado estuvo de acuerdo. Resulta que el anfitrión tenía solamente un frasco de vino en su casa, y se lo dijo a su invitado; pero cuando mandó a su hijo – quien sufría la enfermedad de visión doble – a buscar el vino, regresó y dijo:

"Padre, hay dos botellas; ¿cuál de ellas quieres que traiga?"

Avergonzado de que el invitado pudiese pensar que no le estaba dando todo lo que podía, el padre contestó:

"Rompe una botella y tráenos la otra."

El joven, por supuesto, lanzó una piedra sobre la única botella y como resultado imaginó que había roto ambas sin querer... por lo tanto aquella noche no hubo vino ni para el anfitrión ni para el invitado.

El invitado creyó que el joven era un tonto, cuando de hecho solamente sufría de una discapacidad. El orgullo del anfitrión de su propia hospitalidad fue la causa de la destrucción de la botella. El muchacho estaba apenado porque había hecho algo mal.

Todo esto fue porque el anfitrión temía que, de haberle dicho desde el principio a su invitado que su hijo sufría de visión doble, aquel habría imaginado que era solo un pretexto para no agotar todo el vino.

Bahaudin Naqshband dijo

Estábamos parados sobre una pequeña meseta en las altas montañas de Kohistán.

Mi maestro dijo:

"Mira cómo algunas de esas coníferas son pequeñas y otras son grandes; algunas están bien arraigadas y otras se han torcido; otras, sin razón evidente, tienen varias ramas dañadas."

Pregunté:

"¿Qué podemos inferir de esto?"

Respondió:

"Las altas están llenas de aspiración."

"¿Tienen todas éxito?"

"De ninguna manera."

"¿Y las dañadas?"

"Son aquellas que intentaron justificarse a sí mismas."

"¿Son las pequeñas mejores que las altas?"

"Puede que algo sea pequeño por herencia, debido a falta de oportunidad o a la ausencia de nutrición o al deseo."

"¿Y las profundamente arraigadas?"

"Todo depende de su naturaleza y de la selectividad de sus raíces para obtener verdadera nutrición. Algunas de las bien enraizadas lo están debido a una innecesaria codicia de consumir. A veces son estas las que hachan los leñadores y las utilizan para madera...”

La esponja de problemas

Se cuenta que durante muchos siglos la tumba de Boland-Ashyan curaba enfermedades, concedía deseos, beneficiaba a todos los que la visitaban; era conocida como "La esponja de problemas".

El santuario estaba situado cerca del pequeño pueblo de Murghzar, en Irán, y aquí Faisal Nadim trabajó como cocinero en el Ashkhana (restaurante) por veintitantos años.

Faisal nunca iba al santuario; pero los viajeros que entraban a su cocina y pasaban tiempo con él mientras trabajaba produjeron la línea de iluminados Sufis denominados los Nadimis, mientras que los visitantes de la tumba nunca fueron reconocidos como sabios excepto entre los ignorantes.

Alguien le preguntó al sabio Khorram Ali por qué los piadosos peregrinos no eran transformados por su visita a un lugar de tales milagros... y por qué los frecuentadores de una cocina se convertían en santos Sufis.

Khorram contestó:

"Una esponja absorbe agua que no es necesaria pero que acaso impida, según las circunstancias, un trabajo útil. Es muy insensible, más allá de los méritos que le atribuyas. Un cocinero conoce la medida de los ingredientes y cómo hacerlos digeribles. Puede que un cocinero necesite una esponja para eliminar lo que se interponga en su camino, como por ejemplo agua sucia. Solamente el estúpido, mirando únicamente la esponja, imaginaría que está trabajando por iniciativa propia.

El pez de cristal

Un joven, habiéndole hecho un favor a cierto barquero, recibió como agradecimiento un pececito de cristal.

Lo perdió; y en su desesperación por haber perdido semejante objeto raro y hermoso se indignó cuando vio a otro hombre de cuyo cuello pendía un cordón del cual colgaba un pez de cristal.

El joven lo llevó a los tribunales y logró que lo condenaran por robo. A último momento, cuando le preguntaron si tenía algo para decir antes de ser conducido a la prisión, el hombre dijo:

"Pregúntenle a cualquier barquero de este país: todos tenemos el mismo emblema, y este es el mío. No le pertenece a aquel joven. También tengo dos ojos y una boca, ¡pero tampoco son suyos!"

"¿Por qué no hablaste antes?" preguntó el magistrado al barquero.

"Porque hay más mérito para la humanidad si se llega a la verdad cuando desde el principio todos los involucrados ejercitan la consciencia, que si uno tiene que probar algo que, después de todo, quizá sea imposible de probar."

"Sin embargo, todos debemos aprender", remarcó el juez.

"¡Ay!" dijo el barquero, "si se considera que el aprender depende de la producción de pruebas, solo tenemos la mitad del conocimiento y seguramente estamos perdidos."

Los Kishtiwanis, a cuya escuela pertenecía este barquero, se destacaban por su hábito de enfatizar que la gente pasa la mayor parte de su tiempo sacando conclusiones apresuradas o no prestándole ninguna atención a los hechos.

El portador del sello

MUY POCO DESPUÉS de la muerte de Maulana Bahaudin Naqshband, un harapiento se acercó a su tumba y exigió:

"Condúzcanme hasta el califa (diputado)." El califa no estaba allí.

Agregó: "Permitan que Bibi Jan, la viuda del Maulana, me identifique."

Todos estaban perplejos ante el forastero y los seguidores que quedaban del Maulana no sabían qué decir o hacer.

El errante dijo:

"¡No hay califa, no hay comprensión! Entonces les voy a mostrar algo que incluso un hombre-asno debería saber."

Produjo el sello de Bahaudin Naqshband.

Ahora este hombre fue tratado con honores, pero pidió que lo condujesen al muro que estaba frente a la colina de Tillaju; derrumbó parte de aquel muro y les dijo a los presentes que excavasen sus cimientos.

Entonces quitó ciertos objetos que estaban enterrados allí y dijo:

"Estos son para mí. Habrían sido para los discípulos si hubiesen sido Adeptos."

Alguien preguntó:

"¿Por qué los discípulos no los recibieron?"

Dijo:

"El-Shah les dijo que excavasen los cimientos del muro, pero en cambio construyeron el muro allí arriba. Así que en algún momento el muro habría caído y los invaluables objetos se hubiesen perdido. La holgazanería de los murids (discípulos) para los trabajos manuales, y su superioridad en la imaginación, ha provocado su anulación en el reino espiritual."

Un murid preguntó:

"¿Podremos saber de aquellos que no son como nosotros, pues ansiamos conocimiento?"

El misterioso derviche dijo:

"Aquellos que podrían saber, ya saben; para aquellos que quedan, es demasiado tarde para saber. Por ende se sienten satisfechos por haber estado cerca de el-Shah. Pero sería mejor si se dispersaran. De lo contrario, simplemente repetirán los nombres y las fórmulas de el-Shah y la gente se extraviará al imaginar que esto es Sufismo."

Alguien comentó:

"¿Cuál de los Iluminados eres, qué Wali, qué Abdal? ¿No te quedarás con nosotros?"

Contestó:

"Soy el sirviente de menor rango de los Maestros, los Khwajagan. Un sirviente solamente puede quedarse donde es capaz de cumplir las órdenes de su maestro. No puedo llevar a cabo el servicio de la humildad en compañía de la arrogancia."

Alguien preguntó:

"¿Cómo podemos reducir nuestra arrogancia?"

Dijo:

"Pueden reducirla dándose cuenta de que no son dignos de ser representantes de las enseñanzas de el-Shah; los indignos están doblemente incapacitados. Se autoengañan al imaginar que están estudiando el Camino. Descaminan a otros cuando pretenden enseñarles, incluso mediante insinuación.

"Esto no es estudio. Esto no es enseñanza. Donde no hay un representante, la imitación de su posición equivale a una usurpación; la usurpación destruye el alma."

Lleno

UN ASTRÓNOMO QUE era vano y estaba lleno de conocimientos partió de viaje y visitó a Kushyar el Sabio, maestro de Avicena.

Pero Kushyar no tenía nada que hacer con él y se negó a enseñarle de todos los modos posibles.

El astrónomo se estaba despidiendo con tristeza, cuando Kushyar dijo:

"El creerte que sabes tanto produce el efecto de hacerte igual a un recipiente completamente lleno de agua. Por ello, como la vasija, eres incapaz de admitir nada más.

"Pero la completitud es la repleción de la vanidad, y el hecho es que estás realmente vacío, más allá de cómo te sientas."

Voz en la noche

ANOCHE UNA VOZ me susurró:
  "¡No existe tal cosa como una voz susurrando en la noche!"

(Haidar Ansari)

Percepción

ESTÁ REGISTRADO QUE alguien le dijo a Saadi, el gran filósofo:

"Deseo la percepción, para así volverme sabio."

Saadi dijo:

"La percepción sin sabiduría es peor que nada en absoluto."

Se le preguntó: "¿Cómo puede ser eso?"

Saadi contestó: "Como en el caso del buitre y el milano. El buitre le dijo al milano: 'Tengo una vista mucho mejor que la tuya, ya que puedo ver un grano de trigo allí abajo en el suelo mientras que tú no ves absolutamente nada.'

"Las dos aves se lanzaron en picada para encontrar ese trigo que el buitre podía ver, pero que el milano no. Cuando estuvieron muy cerca del suelo, el milano vio el grano; el buitre continuó con su descenso y se lo tragó. Y luego colapsó... pues el trigo estaba envenenado."

Sobras

LAS SOBRAS DE la comida del emir son mayores
que los presentes de *halwa* (dulces) del mercader.

(Timur Fazil)

La mosca dorada

Había una vez un hombre llamado Salar, que distinguía entre lo correcto e incorrecto y que sabía lo que debía hacerse y lo que no, y que sabía mucho acerca del aprendizaje mediante libros. Sabía tanto, de hecho, que había sido nombrado como el asistente personal de Mufti Zafrani, un eminente jurisconsulto y juez.

Pero Salar no sabía todo; e incluso en lo referido a las cosas que sí sabía no siempre actuaba según su conocimiento.

Un día, cuando había dejado su vaso de jugo dulce, una pequeña y resplandeciente mosca dorada se posó en el borde y bebió un trago; al otro día sucedió lo mismo; y también al otro, hasta que la mosca creció en tamaño y Salar podía verla fácilmente. Pero la mosca había crecido tan despacio que Salar apenas la notaba.

Finalmente, después de varias semanas en las cuales Salar había estado inmerso en el estudio de un complejo problema legal, levantó la vista y se dio cuenta de que la mosca se veía mucho más grande de lo que debería; la espantó. De inmediato la mosca se elevó en el aire, trazó unos círculos sobre el vaso y se fue.

Pero volvió. Cuando Salar relajaba su ojo vigilante, la mosca volaba hacia el vaso para sentarse en su borde y beber tanto como podía. Con el correr de los días, la mosca se volvía cada vez más y más grande... y mientras más tomaba más diferente se veía.

Primero, Salar la espantó con la mano. Luego se dio cuenta de que tenía que agarrar un palo para pegarle. A veces le parecía que la mosca comenzaba a tener una especie de forma semihumana. Era, por supuesto, un Jinn y no una mosca en absoluto.

Finalmente, Salar le gritó a la mosca; y ella respondió diciendo: "No bebo mucho de tu vaso, y además soy hermosa, ¿no?"

Al principio Salar estaba asombrado, luego asustado y por último completamente confundido.

Comenzó a obtener cierto placer de las visitas de la mosca, a pesar de que bebía de su sorbete. La miraba danzar, pensaba mucho en ella, hacía cada vez menos trabajo; y mientras la mosca se volvía más grande descubrió que se sentía cada vez más y más débil.

Salar solía tener dificultades con el muftí; entonces recobró la compostura y decidió ultimar a la mosca. Invocando toda su resolución, le dio un violento golpe y ella se escapó volando mientras decía: "Me has hecho daño, pues yo solo quería ser tu amiga; pero me iré, si eso es lo que quieres."

Al principio Salar sintió que se había deshecho de la mosca de una vez por todas. Se dijo a sí mismo: "La he derrotado y ello prueba que soy más poderoso que ella, sea o no un humano, un Jinn o una mosca."

Entonces, cuando ya Salar se había convencido a sí mismo de que todo el asunto estaba cerrado, la mosca apareció otra vez; había crecido hasta ser enorme y descendió del techo como un lago resplandeciente con forma de hombre.

Dos enormes manos extendidas agarraron a Salar por el cuello.

Cuando el muftí vino a buscar a su asistente, yacía estrangulado en el suelo. Una de las paredes de la casa había colapsado al paso del Jinn; y todo lo que había allí como testimonio de su enormidad era la huella de su mano en la cal, tan grande como el contorno de un elefante.

Promesa de taberna

PUEDE QUE SE *diga*: "Vinieron en vano."
No *dejen* que hayan venido en vano.
Dejamos esto, el legado, a ustedes:
Terminamos lo que pudimos, les dejamos el resto a ustedes.
Recuerden: este es el trabajo encomendado;
Recuerden, bienamados, que nos volveremos a encontrar.

Canción derviche

El cuchillo

UN DERVICHE ERRANTE corrió hacia donde un Sufi estaba sentado en profunda contemplación y dijo:

"¡Rápido! Debemos hacer algo. Un mono acaba de agarrar un cuchillo."

"No te preocupes", respondió el Sufi, "siempre y cuando no haya sido un *hombre*."

Cuando el derviche volvió a ver al mono descubrió que, tal como era de esperar, ya había tirado el cuchillo.

(Kardan)

Caravasar

Había una vez un hombre llamado Muin, que en su juventud fue estafado y traicionado por otro hombre, de nombre Halim, el cual era un individuo inusualmente codicioso.

Muin se dijo a sí mismo: "Un día estaré en condiciones de hacérselas pagar. Me volveré rico y su envidia lo arruinará, ¡especialmente si le niego dinero!"

Pero los años pasaron y Muin no se hizo rico. Todo lo que había ahorrado durante su vida habría mantenido a un hombre acaudalado apenas durante un mes. Cuando tenía cuarenta años de edad cayó enfermo y los médicos dijeron que le quedaban solamente unas pocas semanas de vida.

Resulta que Muin tenía un preceptor Sufi – Daud, hijo de Zakaria – y le preguntó qué podía hacer.

"El despertar envidia no forma parte del trabajo de un Sufi", dijo Daud, "pues la envidia es una podredumbre fatal que mata al hombre que la alimenta y solamente puede ser extirpada con enorme dificultad. El único método, de hecho, es que el afectado practique generosidad extrema y verdadera; algo que raramente está dispuesto a hacer. Puedo decirte esto, y el resto depende de ti: los envidiosos se corroen a sí mismos por lo que creen que es verdad, no por la verdad real."

Muin reflexionó profundamente sobre estas palabras. Luego mandó a llamar a su hijo, Aram, y le dijo: "Tengo muy poco que dejarte, pero creo que puedo cancelar una deuda y hacer provisiones para tu futuro por medio de una inversión acertada, si la hago ahora; entonces obedéceme en cada detalle. Me queda poca vida."

Aram, siguiendo sus instrucciones al pie de la letra, tomó todos los ahorros del padre y compró espléndidas túnicas, algunas joyas, dos hermosas casas y mucho más. Luego padre e hijo fueron al caravasar más caro, cerca del hogar del villano, y lo mandaron a llamar. Muin, debilitado por el esfuerzo, estaba acostado en la cama. Cuando vio a Halim, dijo:

"Probablemente estoy en mi lecho de muerte, y tú eres la única persona que conozco en esta localidad. Tengo un hijo, como ves, y a él le impartiré el secreto de un Sufi que produjo todas las cosas que ves aquí, las cuales son mis posesiones. Cuida de este niño, Aram, y en el momento correctamente propicio él te dirá el secreto que le he confiado."

Muin murió poco después. Entonces Halim, que era muy rico, le prodigó regalos al joven e hizo todo lo posible para convencerlo de su amabilidad, codicioso del secreto del Sufi. Permanecía siempre atento en caso de que sucediese el momento oportuno para la transmisión del secreto.

Pero Muin le había dicho a Aram: "Revélale a Halim las palabras del Sufi si ha sido lo suficientemente generoso contigo, y si alguna vez descubres que ya no es codicioso."

Entonces Aram observó a Halim durante muchos años. Halim ofrecía dinero, pero de alguna manera nunca daba tanto como prometía.

Aram tomaba lo que se le daba e incluso pedía más, tanto directamente como por medio de intermediarios, para descubrir si había cierta renuencia de parte de Halim... y encontró mucha.

Este proceso continuó por muchos años. Halim sufría ataques de euforia y depresión, y comenzó a interesarse en toda clase de diversiones, como los chismes, para aliviar las tensiones de su vida.

Entonces, un día, estaba leyendo un libro Sufi que decía: "El prometer y no cumplir impide la transmisión de secretos Sufis." De repente recordó que no había cumplido todas las promesas a Aram. Ese mismo día le ofreció al joven el total de la enorme suma que originalmente había dicho que le daría.

Aram dijo: "No soy quién para juzgar por qué hiciste esto; pero dado que acaso sea por la razón correcta, ahora te diré el secreto del Sufi." Le contó a Halim lo que había ocurrido entre el Sufi y Muin.

Entonces Halim, superada la codicia mediante su admiración por la sabiduría del Sufi, dijo: "Aram, no tengo lugar en mi corazón para estar arrepentido por el dinero que ha sido gastado. Haz solamente una cosa para mí: dime cómo encontrar a este Sufi, para que pueda besarle los pies."

Esta es la historia contada por Halim, el gran sabio Sufi, que con el tiempo sucedió al Sheikh Daud, hijo de Zakaria.

Fantasías

¡Ay hombre! Si tan solo supieras cuántas de las falsas fantasías de la imaginación estaban más cerca de la Verdad que las cuidadosas conclusiones de los prudentes. Y cómo estas verdades no tienen ninguna utilidad hasta que el imaginador, habiendo hecho su trabajo con la imaginación, se ha vuelto menos imaginativo.

(Shab-Parak)

Irrelevancia

UNO DE LOS sabios Sufis designó a un representante para transmitir sus instrucciones a los discípulos. Sin embargo, en poco tiempo los discípulos se encargaron de considerar al representante no como un canal sino como un hombre de santidad y autoridad. Él, en cambio, empezó a imaginar que todo lo que decía era significativo. Enseguida, dudando de algunos resultados de las acciones del representante,   varios de los discípulos se preguntaban unos a otros: "¿Está este hombre actuando   según   su   mandato?"   Algunos consideraban a tales pensamientos como traición, y se cegaron ante todos los abusos.

El sabio escuchó los cuestionamientos y contestó: "La vanidad se ha apoderado de este representante, pero ha sido alimentada por vuestro propio deseo de venerar a alguien."

Los discípulos estaban abatidos y preguntaron: "Si esto puede sucederle a un delegado, ¿qué es lo que no podría sucedernos a nosotros?"

El sabio les dijo: "No podría haber sucedido si ambas partes no fuesen culpables. Si hubiesen estado obedeciendo mis órdenes, en vez de crear su propio maestro imitativo – no satisfechos con las instrucciones y por ende buscando ídolos –, esto no habría sucedido. Pero, por otro lado, donde aquellas tendencias están presentes, no solamente sucede sino que debe suceder. En vez de preguntarse qué es lo que ha acaecido, deberían observar cuán incapaces son para distinguir lo falso de lo verdadero; aunque no sean lo suficientemente humildes para no suponer que lo falso es lo verdadero.

"Esa es vuestra lección."

Dijeron: "¿Qué será de él?"

Contestó: "Eso no les concierne. Es el preocuparse por lo irrelevante lo que ha obstaculizado vuestro desarrollo: y aún lo siguen haciendo. Lejos de estar más avanzados que la gente ordinaria, ahora están bien atrás de ellos. ¿Quieren alcanzarlos?"

Fidelidad

Najmaini ("El hombre de las dos estrellas") echó a un discípulo con las palabras: "Tu fidelidad ha sido puesta a prueba. Me parece tan inconmovible que debes irte."

El discípulo dijo: "Me iré, pero no puedo comprender cómo la fidelidad puede ser causa de despido."

Najmaini dijo: "Durante tres años hemos puesto a prueba tu fidelidad. Tu fidelidad para con el conocimiento inútil y los juicios superficiales es total. Es por ello que debes irte."

El santuario de Juan el Bautista

SAADI, EL AUTOR Sufi del clásico persa *El jardín de rosas*, escribe acerca de una visita a la tumba de Juan el Bautista en Siria.

Un día llegó allí, exhausto y con los pies doloridos. Pero entonces, mientras se compadecía de sí mismo, vio a un hombre que no solamente estaba cansado sino que no tenía pies. Saadi le agradeció a Dios pues, al menos, tenía pies.

Esta historia, en el nivel obvio, significa "sé agradecido por las pequeñas cosas". A esta enseñanza se la puede encontrar en todas las culturas. Es útil ayudar a alguien a encontrar una perspectiva más amplia de su situación si está sufriendo de una autocompasión incapacitante.

El empleo de tales cuentos con propósitos emocionales – el cambiar la actitud mental, incluso el hacer que una persona esté contenta y acaso momentáneamente agradecida con su suerte – es característico de este tipo de instrucción convencional.

Los sofisticados modernos dicen: "Todo lo que hizo Saadi fue inculcar las llamadas virtudes morales... su trabajo pasó de moda." Acaso los burdos y tradicionales sentimentalistas digan: "Qué bello es detenerse en la miseria de los demás y en la propia buena suerte."

Pero Saadi, siendo un Sufi, incluyó en sus escritos materiales que tenían más de una función posible. Este cuento es uno de ellos.

En las escuelas Sufis a la pieza se la toma por lo que es: un ejercicio. Puede que el discípulo se beneficie de cualquier moraleja "edificante" ofrecida por la interpretación convencional; mas, sin introspección pero con autobservación, debería ser capaz de decir: "Me doy cuenta de que mis cambios de humor dependen de estímulos emocionales. *¿Tengo* que depender siempre de 'ver a un hombre sin pies', o leer acerca de ello, antes de percatarme de que 'tengo pies'? ¿Cuánto se desperdicia de mi vida mientras espero que alguien me diga qué hacer o que algo suceda para que cambie mi condición y actitud?"

Según los Sufis, el ser humano tiene mejores – más confiables – sentidos internos y capacidades para educarlos que los constantes estímulos emocionales.

El objetivo de la interpretación Sufi de esta lección sería anulado si ocasionara que las personas empezasen una orgía de autocuestionamiento de un tipo emocional.

El propósito de señalar este uso Sufi de la narrativa es que sea registrado en la mente de modo que, en el futuro, el estudiante pueda notar una forma superior de evaluar su situación, cuando aquella comienza a operar en él.

El significado

Un HOMBRE QUE había pasado muchos años intentando descifrar significados fue a ver a un Sufi y le contó acerca de su búsqueda.

El Sufi dijo:

"Vete y reflexiona sobre esto: IHMN."

El hombre se fue. Cuando regresó, el Sufi estaba muerto. "¡Ahora nunca sabré la verdad!" gimió el descifrador.

En ese momento apareció el discípulo principal del Sufi; dijo:

"Si estás preocupado por el significado secreto de IHMN, te lo diré. Son las iniciales de la frase persa '*In huruf maani nadarand*'... 'Estas letras no tienen significado.'"

"Pero, ¿por qué se me ha dado semejante tarea?" exclamó el descifrador.

"Porque cuando se te acerca un asno, le das repollos; ese es su alimento, no importa cómo lo llame. Los asnos seguramente piensen que están haciendo algo mucho más significativo que comer repollos."

El método

Cierto maestro Sufi estaba explicando cómo había sido desenmascarado un falso Sufi. "Un Sufi verdadero envió a uno de sus discípulos para que actuase como su sirviente. El discípulo se desvivía por el impostor, día y noche. De a poco todos comenzaron a ver cómo el fraude adoraba estas atenciones, y la gente lo abandonó hasta que se quedó completamente solo."

Uno de los escuchadores de esta historia pensó para sí: "¡Qué idea maravillosa! Me marcharé y haré exactamente lo mismo."

Fue a donde se encontraba un falso hombre santo y deseó apasionadamente convertirse en su discípulo. Después de tres años, era tal su devoción que se habían congregado cientos de devotos. "Realmente este sabio debe de ser un gran hombre", se decían unos a otros, "para inspirar semejante lealtad y autosacrificio en su discípulo."

Entonces el hombre regresó al Sufi del cual había escuchado la historia y le explicó lo sucedido. "Tus cuentos no son confiables", dijo, "porque cuando intenté poner uno en práctica, sucedió lo contrario."

"Por desgracia", dijo el Sufi, "hay apenas un aspecto erróneo en tu intento de aplicar métodos Sufis: y es que no eres un Sufi."

Abu Tahir

MIR ABU TAHIR atrajo a muchos estudiantes mediante sus discursos iluminadores y haciendo circular epístolas que eran comentadas favorablemente por todos los mayores pensadores de aquel entonces.

Sin embargo, cuando la gente se reunía a escucharlo hablar en persona apenas lograban que repitiese una sola frase:

"El deseo por el mérito, no por el hombre."

Esta recomendación fue dada varias veces al día durante cinco años. Alguien visitó al sabio Ibriqi y le rogó que ayudase con algún tipo de explicación sobre la extraña conducta de Abu Tahir.

Ibriqi dijo:

"Te quejas porque el Mir dice algo de forma repetitiva pero no te quejas de que el sol sale y se pone cada día; sin embargo ambas cosas son lo mismo. Como el sol, el Mir está haciendo algo valioso. Si no haces uso de ello, él aún debe continuar 'brillando' en beneficio de aquellos que *pueden* sacar provecho; o para ti, en un momento en que *puedas* beneficiarte."

Contención

Un viajero derviche relata:

Visité a cierto sheikh que era como un imán para gente de todo tipo.

Dije:

"¿Cómo puedes soportar la compañía de personas tan horribles? Ni han mejorado por estar cerca de ti, ni jamás se sintieron atraídas hacia ti por tus virtudes; pues, según confiesan, solo buscan poderes que nadie más posee."

Nunca olvidaré lo que el sheikh respondió:

"Amigo, si todas las serpientes del mundo se dedicaran únicamente a matar, y ninguna fuese distraída por vanas esperanzas que impiden el ejercicio de su maldad, no quedaría un solo ser humano vivo."

Tamizando

¡OH PEDANTE! TAMIZA, toda tu vida, los escritos y dichos de los Sabios. Mas en primer lugar aprende una cosa: estás usando un tamiz que deja pasar la cascarilla y descarta el nutriente... el trigo.

(Shab-Parak)

El Maestro perfecto

CIERTO HOMBRE DECIDIÓ que buscaría al Maestro Perfecto.

Leyó muchos libros, visitó a un sabio tras otro, escuchó, debatió y practicó, pero siempre se hallaba dudando o inseguro.

Luego de veinte años encontró a un hombre cuyas palabras y gestos condecían con su idea del hombre totalmente realizado.

El viajero no perdió el tiempo: "Tú", dijo, "me pareces el Maestro Perfecto. Si lo eres, mi búsqueda ha llegado a su fin."

"Efectivamente, se me describe con ese nombre", dijo el Maestro.

"Entonces, te ruego, acéptame como discípulo."

"Eso", dijo el Maestro, "no lo puedo hacer: pues mientras puede que desees el Maestro Perfecto, él, a su vez, solamente requiere el Discípulo Perfecto".

Dar y tomar

El jefe toma menos de lo que se le da
Y da más de lo que ha tomado.

(Kitab-i-Amu Daria)

La prueba del zorro

Érase una vez un zorro que se topó con un joven conejo en el bosque. El conejo dijo: "¿Qué eres?" El zorro dijo: "Soy un zorro y podría devorarte si así lo quisiera."

"¿Cómo puedes demostrar que eres un zorro?" preguntó el conejo. El zorro no sabía qué decir, pues en el pasado los conejos siempre habían huido de él sin hacer semejantes preguntas.

Luego el conejo dijo: "Si puedes mostrarme una prueba escrita de que eres un zorro, te creeré."

Entonces el zorro fue trotando a ver al león, quien le dio un certificado de que él realmente era un zorro.

Cuando regresó al lugar donde el conejo estaba esperando, el zorro comenzó a leer el documento; le agradó tanto que saboreaba cada párrafo con un deleite continuo. Mientras tanto, habiendo captado la esencia del mensaje desde las primeras líneas, el conejo se escabulló dentro de una madriguera y nunca más se lo volvió a ver.

El zorro regresó al cubil del león, donde vio a un ciervo conversando con el león. El ciervo decía:

"Quiero ver una prueba escrita de que eres un león…"

El león dijo:

"Cuando no tengo hambre, nada me importa. Cuando *tengo* hambre, no necesitas nada por escrito."

El zorro le dijo al león: "¿Por qué no me dijiste que hiciera eso cuando te pedí el certificado para el conejo?"

"Mi querido amigo", contestó el león, "deberías haberme dicho que había sido pedido por un conejo. Creí que era para un humano estúpido, de quienes algunos de estos animales idiotas han aprendido este pasatiempo."

Oportunidad

LAS PALABRAS "TIENES una chance", de los labios
de la Autoridad, valen cien veces más que "Eres el
hombre más grande del mundo", del tonto.

(Nuri Falaki)

El préstamo

Un hombre les estaba diciendo a sus amigos en una casa de té:

"He prestado a alguien una moneda de plata y no tengo testigos. Ahora temo que esa persona negará haber recibido alguna vez algo de mí."

Los amigos se compadecieron, pero un Sufi que estaba sentado en una esquina levantó la cabeza de entre sus rodillas y dijo:

"Invítalo aquí y menciónale en una conversación, delante de estas personas, que le prestaste veinte monedas de oro."

"¡Pero yo sólo le presté una moneda de plata!"

"Eso" dijo el Sufi, "es exactamente lo que gritará... y todo el mundo lo oirá. Tú querías testigos, ¿verdad?"

Tejiendo luz

Le preguntaron a Firmani:

"¿Cómo sabías que fulano de tal era tan cruel? Te negaste a conversar en profundidad con él cuando estuvo aquí, a pesar de que todos decían que era un santo."

Firmani dijo:

"Si un forastero se acerca a hombres comunes y dice 'A la luz se la hace tejiendo. Yo tejí toda la luz que hay y que hubo', ¿de qué se dan cuenta?"

Contestaron:

"Se dan cuenta de que lo que dice es falso."

Firmani agregó:

"Del mismo modo, cuando un individuo cruel se presenta ante un hombre de conocimiento, no es difícil juzgar su condición, independientemente de lo que la gente imagine o diga."

Explicación

LA SUPOSICIÓN DE que cualquier persona de valía puede explicarse con plenitud y lucidez en el tiempo que le conceden aquellos que quieren aprender lo que ella sabe, o bien es una broma o una estupidez.

(Shab-Parak)

Día y noche

Un erudito dijo a un Sufi:

"Ustedes los Sufis suelen decir que nuestras preguntas lógicas son incomprensibles para ustedes. ¿Puedes darme un ejemplo de por qué les parecen así?

El Sufi dijo:

"He aquí tal ejemplo. Una vez yo estaba viajando en tren y atravesamos varios túneles. Frente a mí estaba sentado un campesino que obviamente nunca antes había viajado en tren.

"Después del séptimo túnel, el campesino me tocó y dijo:

"'Este tren es muy complicado. En mi burro puedo llegar a mi pueblo en apenas un día. Pero en tren, que parece estar viajando más rápido que un burro, todavía no hemos llegado a mi casa a pesar de que el sol ha salido y se ha puesto completamente siete veces'."

La fuente del ser

PERMITE QUE LA Fuente del Ser mantenga el contacto contigo: ignora las impresiones y opiniones de tu yo habitual. Si este yo fuese de valor en tu búsqueda, habría encontrado la realización para ti. Pero todo lo que puede hacer es depender de otros.

(Amin Suhrawardi)

Manchada

Se cuenta que un hombre fue a la asamblea del maestro Baqi-Billah de Delhi y dijo:

"He estado leyendo el famoso verso del Maestro Hafiz: 'Si tu maestro te ordena manchar tu alfombra de oración con vino, obedécele'; pero yo tengo una dificultad."

Baqi-Billah dijo:

"Mora lejos de mí por un tiempo y te ilustraré esta cuestión."

Tras un considerable período de tiempo, el discípulo recibió una carta del sabio. Decía: "Toma todo tu dinero y dáselo al portero de algún burdel."

El discípulo quedó sorprendido y, por un tiempo, pensó que el maestro debía de ser un impostor. Sin embargo, tras luchar consigo mismo durante varios días fue a la primera casa de mala fama y le ofreció al hombre que estaba en la puerta todo el dinero que tenía.

"Por esta cantidad de dinero", dijo el portero, "te concederé la más selecta gema de nuestra colección: una mujer intacta."

Apenas entró a la habitación, la mujer que estaba allí dijo:

"Se me ha engañado para estar en esta casa y me mantienen aquí por la fuerza y mediante amenazas. Si tu sentido de la justicia es más fuerte que tu razón para venir aquí, ayúdame a escapar."

Entonces el discípulo comprendió el significado del poema de Hafiz: "Si tu maestro te ordena manchar tu alfombra de oración con vino, obedécele."

Wahab Imri

Un hombre visitó a Wahab Imri y le dijo:

"Enséñame humildad."

Wahab contestó:

"No puedo hacerlo, porque la humildad es una maestra de sí misma. Se la aprende mediante su práctica. Si no la puedes practicar, no la puedes aprender. Si no la puedes aprender, realmente no quieres aprenderla internamente en absoluto."

El pillo y el derviche

Cierto derviche planteó una lección objetiva. Le pagó a un actor para que fuese a un pueblo y se estableciese como un maestro religioso. "Junta todos los discípulos que puedas", dijo, "simulando ser un hombre de gran santidad. Cuando llegue, te desenmascararé. La gente se dará cuenta de que han sido engañados y, una vez que les haya mostrado cuán superficiales son sus creencias, escucharán mis enseñanzas."

Unos meses después, el derviche entró al pueblo y enfiló hacia la casa del místico. Allí estaba el actor, rodeado de discípulos adoradores que lo colmaban de regalos y elogiaban cada una de sus palabras.

El derviche comenzó a hablar:

"¡Oh gente! Sepan que he venido a explicarles todo. Yo envié a este hombre para demostrar cómo las personas creerán cualquier cosa, si así lo quieren. Ahora, en cambio, les daré la verdadera enseñanza."

El actor no dijo nada en absoluto. La gente agarró al derviche y lo llevaron a un manicomio. Una noche, el actor se acercó a la ventana abarrotada y le dijo: "Aunque tenía la apariencia de un vagabundo, fui lo suficientemente avispado para aceptar tu consejo. Aunque según tu opinión eras sabio, fuiste lo suficientemente insensato para creer en tus propios planes. Un plan corrupto beneficiará solo al corrupto y uno sabio, solamente al sabio."

Esperanza

HABÍA UNA VEZ un rey, descendiente de una antigua y poderosa estirpe, a quien la adversidad lo había expulsado de su posición y forzado a huir de sus enemigos.

El rey estaba empapado por la lluvia, en medio de un desolado páramo, cuando se topó con una pequeña choza utilizada por los pastores. Pensó en descansar un rato allí, y al entrar descubrió que ya había dos pastores envueltos con mantas para protegerse del frío.

Lo recibieron amablemente y compartieron con él su único alimento: un poco de queso y unas cebollas.

El rey dijo:

"Un día, cuando recupere el trono, ¡los recompensaré como es digno de un rey!"

Ahora bien, aunque ambos pastores le habían ofrecido comida al rey – demostrando que los dos eran igualmente generosos – no poseían las mismas cualidades en todos los sentidos.

El primer pastor, por lo tanto, le contaba a todo el mundo pavoneándose de que él era mejor que un noble, pues le había dado comida a un rey cuando nadie más podía hacerlo.

Pero el segundo pastor, reflexionando, se dijo a sí mismo:

"El hecho de que yo haya estado en la choza, y el haber tenido algo de comida conmigo, fueron meros accidentes. Mi ofrenda de alimento al rey fue una acción normal. Pero el rey, con una generosidad verdaderamente real, eligió interpretar estos hechos como resultado del mérito. Ahora me toca ser inspirado por este ejemplo y hacerme verdaderamente digno de semejante nobleza de espíritu."

Dos o tres años después, el rey recuperó su legítimo poder y mandó a buscar a los pastores. Ambos recibieron espléndidos regalos y también obtuvieron posiciones de poder en la corte.

Pero el primer pastor, no habiendo hecho ningún esfuerzo en mejorarse y prepararse a sí mismo, pronto cayó víctima de una intriga y fue ajusticiado por conspirar. Por otro lado, el segundo pastor trabajó tan bien que, cuando el rey alcanzó la vejez, fue nominado y aceptado como su sucesor.

Querer

Si QUIERES ESTAR con el Maestro cuando él quiere que estés lejos de él, debes obedecerle o evitarlo. Si discutes sobre ello, eres peor que desobediente.

(Halqavi)

El arquero

EL ARQUERO CAMPEÓN del pueblo de Salimia se quejaba de que no tenía contrincante de categoría.

"Estos, los habitantes de Salimia, no son arqueros... ¡y por ende no pueden juzgar mi excelencia!" repetía una y otra vez a todo aquel que estuviese dispuesto a escucharlo.

Convenció a todos de su infelicidad.

Un día, cierto maestro Sufi pasaba por el pueblo y se detuvo a beber un poco de té.

En el salón de té, la gente le contó del arquero desdichado.

"Acaso crea que está sufriendo", dijo el sabio, "pero, de hecho, el Altísimo ha sido más que amable con este hombre. Si hubiese sido puesto entre arqueros, habría sentido un miedo constante de ser superado.

"Si realmente hubiese necesitado adversarios de su nivel, nada le habría impedido encontrarlos.

"Hasta que el humano – y su público – pueda escuchar el mensaje tácito, y olvidar el pronunciado, permanecerá encadenado."

Mahmud y el derviche

SE RELATA QUE Mahmud de Ghazna estaba un día paseando en su jardín cuando tropezó con un derviche ciego que dormía junto a un arbusto.

Apenas se despertó, el derviche exclamó:

"Eh tú, ¡torpe patán! ¿Acaso no tienes ojos, que debes pisotear a los hijos de los hombres?"

El compañero de Mahmud, que era uno de sus cortesanos, gritó:

"¡Tu ceguera solamente tiene parangón con tu estupidez! Puesto que no puedes ver, tendrías que ser doblemente cuidadoso sobre la persona a la que estás acusando de descuido."

"Si por esto estás queriendo decir", dijo el derviche, "que no debería criticar a un sultán, eres tú quien debería darse cuenta de tu superficialidad."

Mahmud quedó impresionado de que un hombre ciego supiera que estaba en presencia del rey, y dijo apaciblemente:

"¿Por qué, oh derviche, debería un rey tener que escuchar tus improperios?"

"Precisamente", dijo el derviche, "porque es la coraza que la gente de cualquier categoría pone ante las críticas apropiadas para ellos lo que causa su perdición. Es el metal bruñido el que reluce con mayor brillo; el cuchillo golpeado con la piedra de afilar el que corta mejor; y el brazo ejercitado el que puede levantar peso."

Etapas

AL PRINCIPIO CREÍA que un Maestro debe tener razón en todo.

Después, imaginé que mi maestro se equivocaba en muchas cosas.

A continuación, me di cuenta de lo que era correcto y de lo que era equivocado.

Lo equivocado era permanecer en cualquiera de las dos primeras etapas.

Lo correcto era transmitir esto a todo el mundo.

(Ardabili)

Lo que hay en él

Cierto derviche Bektashi era respetado por su piedad y aparente virtud. Cada vez que alguien le preguntaba cómo había llegado a ser tan santo, siempre respondía: "Sé lo que hay en el Corán."

Un día acababa de dar esta respuesta a un interrogador en un café, cuando un imbécil preguntó: "Bueno, ¿y qué es lo que *hay* en el Corán?"

"En el Corán", dijo el Bektashi, "hay dos flores prensadas y una carta de mi amigo Abdullah."

Sano y enfermo

Un buscador errante vio a un derviche en una posada y le dijo:

"He estado en cientos de regiones y escuchado las enseñanzas de muchísimos mentores. He aprendido cómo decidir cuándo un maestro no es un hombre espiritual. No puedo darme cuenta si es un guía genuino o cómo encontrar uno, pero completar la mitad del trabajo es mejor que nada."

El derviche rasgó sus vestiduras y dijo:

"¡Desdichado! Convertirse en experto de lo inútil es como ser capaz de detectar manzanas podridas sin aprender las características de las sanas.

"Pero ante ti hay una posibilidad aun peor; ojo con convertirte en alguien igual al doctor de esta historia. Con el fin de poner a prueba el conocimiento de un médico, cierto rey envió a muchas personas sanas para que fueran examinadas por él; el doctor le dio una medicina a cada uno. Cuando el rey lo convocó y acusó de fraude, la sanguijuela contestó: '¡Gran rey! Hacía tanto que solamente atendía a dolientes, ¡que comencé a imaginar que todo el mundo estaba enfermo y confundí los ojos brillantes de la buena salud con los signos de la fiebre!'"

Estofado de cordero

BAHAUDIN SHAH DIO una vez un discurso sobre los principios y las prácticas de los Sufis. Cierto hombre que se creía inteligente y que podría beneficiarse al criticarlo, dijo:

"¡Si solamente este hombre dijese algo nuevo! Esa es mi única crítica."

Bahaudin escuchó esto e invitó al crítico a cenar.

"Espero que apruebes mi estofado de cordero", dijo.

Después de probar el primer bocado, el invitado saltó gritando: "Estás intentando envenenarme... ¡esto no es estofado de cordero!"

"Pero lo *es*", dijo Bahaudin, "aunque, dado que no te gustan las recetas viejas, intenté algo nuevo. Es cierto que contiene cordero, pero también le agregué una buena cantidad de mostaza, miel y emético."

Encontrando los defectos

Isa Ibn Abdulwahab al-Hindi mantuvo, durante varios años, largas y frecuentes conversaciones en las cuales discursaba sobre todos los temas imaginables.

Un día, cierto respetado sheikh pasó a verlo y le dijo:

"Mi corazón está apesadumbrado, pues se cuenta que en numerosas ocasiones has hablado críticamente de mí."

Isa dijo:

"He dicho veinte veces que hay disparidades entre tus palabras y acciones. ¿Puedes dudar de que esto sea cierto?"

El sheikh preguntó:

"Me encantaría escuchar los motivos por los cuales encuentras defectos en mí."

Isa contestó:

"Los sabrás apenas escuches las doscientas ocasiones en las que te he elogiado ante aquellas mismas personas que, en el nombre de la exactitud, ahora internamente buscan separarnos.

El reportar algo a medias es peor que no reportar nada. El reportar un décimo de algo equivale a una falsificación."

Oír

Un visitante, que había venido de un lejano país, le dijo a Bahaudin Shah:

"Permíteme sentarme en tu durbar (corte) y oír tus palabras, pues con razón se ha dicho que la lectura no es un sustituto del oír."

Bahaudin dijo:

"¡Ay! Si no eres sordo, es triste que haya tenido que esperar tanto tiempo para darte la bienvenida. Verás… actualmente nunca doy charlas."

El visitante preguntó por qué.

Bahaudin dijo:

"Nunca he dado ninguna charla desde que un día vino un grupo de personas parcialmente sordas. Yo dije: 'No sean como un perro o un cerdo…', y cuando me dejaron se pelearon al discutir si yo había dicho 'Sean un perro…', o incluso 'Coman carne de cerdo…'. Con la palabra escrita esto no es posible. Si eres ciego, siempre podrá leerte alguien."

El elefante bebé

Érase una vez un elefante bebé que escuchó decir a alguien: "Mira, hay un ratón." La persona que lo dijo estaba mirando a un ratón, pero el elefantito creyó que se estaba refiriendo a él.

Pero resulta que había muy pocos ratones en ese país; y en cualquier caso solían quedarse en sus agujeros y sus voces no eran muy sonoras. Pero el elefante bebé vociferaba yendo de un lado a otro, eufórico por su descubrimiento: "¡Soy un ratón!"

Lo dijo tan fuerte y tantas veces, y a tanta gente, que – aunque no lo creas – ahora hay un país entero donde casi todos creen que los elefantes, y en particular los elefantes bebé, son ratones.

Es cierto que de vez en cuando los ratones han intentado discutir con aquellos que sostienen la creencia mayoritaria: pero siempre han tenido que huir.

Y si a cualquiera se le ocurre reabrir esta cuestión de ratones y elefantes por aquellos lares, más le vale tener una buena razón, nervios de acero y medios efectivos para presentar su caso.

Un pedido

Si disfrutaste este libro, por favor deja una reseña en Goodreads y Amazon (o donde quiera que hayas comprado el libro).

Las reseñas son el mejor amigo de un escritor.

Para estar al tanto de las novedades acerca de nuestros próximos lanzamientos o noticias de la Idries Shah Foundation, apúntate a nuestra lista de correo:

 http://bit.ly/ISFlist

Y para seguirnos en las redes sociales, usa cualquiera de los siguientes enlaces:

 https://twitter.com/IdriesShahES

 https://www.facebook.com/IdriesShah

 http://www.youtube.com/idriesshah999

 http://www.pinterest.com/idriesshah/

 http://bit.ly/ISgoodreads

 http://fundacionidriesshah.tumblr.com

 https://www.instagram.com/idriesshah/

http://idriesshahfoundation.org/es

Printed in April 2021
by Rotomail Italia S.p.A., Vignate (MI) - Italy